Histoire du Fouta Djallon

El Hadj Maladho Diallo

Histoire du Fouta Djallon

Préface Docteur Alpha Mohamed Diallo

L'Harmattan
5-7, rue de l'École-Polytechnique
75005 Paris
France

L'Harmattan Hongrie
Hargita u. 3
1026 Budapest
HONGRIE

L'Harmattan Italia
Via Bava, 37
10214 Torino
ITALIE

ISBN : 2-7475-2576-7

Préface

Après un parcours très rapide de ce gigantesque travail, je voudrais livrer en peu de mots mes impressions.

Premier du genre pour sa richesse et son étendue, en voila un étonnant livre d'histoire rédigé par l'un des esprits les plus brillants et les plus profonds de cette époque.

Conscient du fait que la vraie histoire africaine ne peut être écrite que par les fils même du terroir, El Hadj Maladho Diallo nous révèle ici l'importance de la tradition orale dans la découverte du passé africain. Ce travail restituant un matériel historique parlé d'une extrême importance, témoigne de la naissance et du développement d'une véritable civilisation Foutanienne à partir du début du XVIIIe siècle.

Si doute il y avait, des récits souvent anciens et d'une surprenante précision, prouvent à travers ce travail et ces tableaux généalogiques, que l'individu est inséparable de sa lignée dont il n'est que le prolongement.

A tous les curieux et au monde scientifique guinéen, ce livre ouvre une voie et une base pour des recherches historico-sociologiques, voire ethno-démographiques sur le Fouta de ces derniers siècles.

En archéologue, je souhaite que cette découverte soit désormais accompagnée d'une quête des vestiges dont l'oeuvre fait mention. Ceci permettrait un jour, la création dans l'une de nos préfectures d'un musée ethno-archéologique du Fouta Djallon qui soit en rapport avec toutes les périodes de notre histoire.

Gardant à l'esprit que plus s'étend et s'approfondit le champ de notre connaissance, plus s'aiguise la conscience de l'étendue de notre ignorance.

Docteur Alpha Mohamed Diallo
Archéologue, Guinée.

Avertissement

Notre propos ici n'est nullement de faire oeuvre d'historien ou d'archiviste. Nous voulons seulement être utile, en mettant à la disposition de la jeunesse montante, les embryons d'une connaissance puisée çà et là, à travers la lecture d'oeuvres d'historiens et à l'écoute des anciens et des chroniqueurs traditionalistes bien avertis.

Aussi, nous mesurons à leur juste valeur, les obstacles auxquels nous nous heurterons tout au long du parcours, car un adage dit "L'Afrique Noire n'a pas d'histoire, si rares étant les documents." Notre recherche nous mène à l'étude de peuples sans écriture ou plutôt n'ayant fait usage de l'écriture qu'à des dates très récentes. Même si des documents écrits avaient existé, ils furent presque tous consumés par des incendies de cases, ou détériorés par des termites et cancrelats. Ceux qui pourraient rester à présent, se trouvent le plus souvent entre des mains égoïstes, par conséquent demeurent inaccessibles.

Les difficultés à surmonter sont encore plus grandes, surtout qu'il s'agit d'étudier l'histoire contemporaine, concernant un processus très récent et dont l'analyse est en cours. Délicate donc est notre tâche, puisque parsemée d'embûches et de susceptibilités à surmonter.

Aussi, nous avons avec audace, enthousiasme, patience et curiosité, mener nos investigations. Avec audace, en raison des dimensions de nos investigations; avec enthousiasme pour maintenir le souffle sans le tarir ni le ternir; avec patience, pour ouvrir des bouches qu'une situation avait fermées un siècle durant, avec curiosité éclairée et résolue pour faire surgir des témoignages difficiles.

Notre propos vise l'étude de la création, de l'organisation et de l'évolution du Fouta Théocratique qui était régit par une constitution spéciale, soutenant un système de chefferie traditionnelle, où la famille héritière du conquérant fondateur bénéficiait d'une prééminence sur les autres, où les générations étaient en rapport de domination/subordination, où les relations d'aîné à cadet affirmaient la prédominance du premier sur le second, et où le patriarcat était de rigueur.

Malgré l'ampleur du sujet et des embûches, nous demeurons optimiste, avec l'espoir que nos lecteurs jugeront avec toute l'indulgence et la lucidité que mérite un tel essai. Conscient de nos insuffisances et imperfections, nous invitons nos lecteurs à formuler des critiques et des suggestions objectives tant sur le contenu que sur la forme. Elles seront toutes les bienvenues.

Préoccupé moins de notre succès personnel, que du souci de savoir si notre essai a suscité chez nos lecteurs un quelconque intérêt pouvant les pousser à reprendre et à approfondir les recherches, nous faisons notre, l'assertion de Voltaire qui disait : "Quiconque écrit l'histoire de son temps, doit s'attendre qu'on lui reproche tout ce qu'il a dit et tout ce qu'il n'a pas dit."

Enfin, nous voudrions adresser nos remerciements, et toute notre gratitude à tous ceux qui par leurs gracieuses contributions nous ont aidé pour la recherche et l'élaboration de ce document. Nous pensons notamment à Thierno Ibrahima Bowoy Loukouta, une bibliothèque vivante de l'histoire du Fouta; à Thierno Fadia (Waliou) fils du Waliou Saïkhou Mawiatou de Maci qui s'est prêté à nos questions malgré son âge très avancé; à El Hadj Mamadou et El Hadj Siré Bomboli; à El Hadj Boubacar Bappa Lambhé de Fougoumba; à El Hadj Aliou Gallé Ley de Kourou Dialoyabhé; à El Hadj Madiou de Bhourya; à Thierno Chérif Bassirou de Koundara (petit-fils de Karamoko NDama) détenteur d'un très important trésor culturel légué par ses parents; à El Hadj Mammangari de Kamboré en Guinée-Bissau; au Docteur Mario Cissoko historien chercheur à Bissau; à Thierno Ibrahima Sambégou marabout à Bignona; à El Hadj Ibrahima Imam de Gongoré-Timbo; à El Hadj Mamadou Tahirou héritier des Saïkhoubhés de Bouroudji; à El Hadj Ibrahima Sila Dieng, traditionaliste bien averti; et à El Hadj Alpha Bakar Kébali, l'un des derniers chefs du Fouta, de la lignée de Alpha Amadou mo Kolladhé-Kankalabé

Notre pensée va également à notre père qui a été notre initiateur à l'histoire du Fouta Djallon. Que la terre lui soit légère. Aussi, je bénis très vivement mon premier fils Ahmadou Thierno qui a crée toutes les conditions de succès de mes recherches. Que soit aussi vivement remercié Monsieur Jean Michel Guillon, Directeur de la bibliothèque Franco-Guinéenne de Conakry, pour avoir facilité la mise en forme de ce travail.

Introduction

L'Islam, la plus récente des grandes religions mondiales a mis pied en Afrique, peu de temps après sa naissance, notamment en Egypte et en Afrique du Nord. Sa progression vers le sud assez lente a été tardive, et a résulté plutôt à des relations économiques du nord avec le Soudan Occidental.

Pourtant l'Islam pénétra au Ghana vers le 8e siècle, et plusieurs colonies musulmanes y existaient en l'an 1000. La dynastie des Kéïta instaura dans l'actuel Mali, un régime musulman au 11e siècle qui s'épanouit vite. Les villes de Djenné, Gao et Tombouctou furent les sièges de l'élite des lettres au Soudan Occidental.

Dans d'autres parties de l'Afrique Occidentale, les musulmans vécurent jusqu'au 18e, voire 19e siècle sous la domination des souverains païens: la dynastie des Déniyankés au Sénégal, et le Royaume Bambara de Ségou au Moyen Niger. C'est cet état de fait qui fut la raison fondamentale du départ des Peulhs musulmans vers les plateaux du Fouta Djallon, où ils fondèrent un état théocratique au début du 18e siècle.

Le fait remarquable dans l'expansion de l'Islam au Soudan Occidental, est que, jusqu'au 18e siècle, elle s'accomplit sans l'aide des guerres de religion ou de conquête. Les Peulhs se firent ensuite les champions d'une expansion belliqueuse de l'Islam. Les défenseurs les plus zélés de l'Islam dans la zone furent les Toucouleurs au Sénégal et les Peulhs dans le Fouta Djallon.

Notre étude concerne les populations Peulhes dans le Fouta Djallon qui englobe les préfectures actuelles de Mamou; Dabola; Dinguiraye; Dalaba; Pita; Labé; Lélouma;

Telimélé; Tougué; Koubia; Mali; Gaoual; Koundara; une bonne partie de Kindia; Boffa; Dubréka; Boké; Fria; et s'étendant sur le NGabou (en Guinée Bissau). Pour les anciens, leur Fouta Djallon s'étendait "du palmier à huile de Kakandi (Boké) jusqu'au fromager de Saréya (Kouroussa), de l'eau salée au Dioliba (Niger)". Le Fouta Djallon avait son centre à l'intersection du 11e parallèle de latitude Nord et du 12e méridien de longitude Ouest de Greenwich. C'est là, qu'entre le début du 18e et la fin du 19e siècle, les Peulhs ont réalisé une civilisation d'une grande prépondérance politique et linguistique.

Le Fouta Djallon est constitué d'une haute région de plateaux gréseux dont l'altitude varie de 900 à 1.200 mètres et dont le point culminant se situe au Mont Loura (1515m) dans la préfecture de Mali, au nord du plateau. Au centre, le Mont Diaguissa, près de Dalaba, atteint 1.425 mètres.

Un réseau fluvial arrose le vieux massif d'une multitude de ruisseaux et de rivières torrentielles, tel des nervures dans un limbe. Le Fouta est la terre des eaux vives. Il fut aussi surnommé "le château d'eau de l'Afrique Occidentale." La pluviométrie qui était de 2 mètres il y a deux décennies, atteint à peine 1,50 mètre l'an à présent. En moyenne à Timbi Madina (Pita) il est tombé 1.491 mm de pluie par an,[1] entre 1981 et 1986. Les pluies sont plus abondantes en Juillet-Août. Seul, le mois de Décembre n'enregistre pas de précipitations. En général, on traverse les rivières à gué en saison sèche, ou sur des ponts rudimentaires en bois (kolèwal) et parfois sur des ponts en lianes (gnenkétèn).

Le Fouta a un climat tropical doux, tempéré par l'altitude, comportant une saison sèche de Décembre à Mai, et une saison pluvieuse de Juin à Novembre. Au cours de la saison sèche soufflent des vents frais et secs, tandis que la saison pluvieuse est caractérisée par de violentes averses. Durant l'harmattan (Décembre à Février), les nuits sont très fraîches, et parfois le thermomètre descend jusqu'à 5°c.

L'étranger prend volontiers le Fouta comme un paysage enchanteur au climat très agréable, et lorsque les habitants de cette région la quittent, ils se considèrent généralement comme exilés.

La flore y est très variée, et on y rencontre toute une gamme d'essences typiques telles: le parinarium excelsum (Koura), l'erythrophleum guinéenne (Téli) donnant une ombre très fraîche et le chlorophora excelsa (Tchimmé). Vers le nord, domine la flore caractéristique soudanaise: baobab, karité, etc. A l'Ouest, les montagnes deviennent d'immenses plateaux herbus, coupés de galeries forestières dans le Kébou, les Bowé et Bambaya. La région de Fitaba au sud-est, est la région la plus boisée du Fouta Djallon. Les arbres fruitiers: orangers, manguiers, avocatiers y trouvent un climat favorable.

Le Fouta Djallon n'est ni un pays de chasse, ni un pays de pêche. Néanmoins, on y rencontre des antilopes petites et moyennes, des biches rayées, des sangliers, des panthères, et surtout des singes innombrables. Il faut aller vers les lisières du Fouta surtout dans les vallées du Houré-Kaba, de la Kolenté, du Rio Grande et dans Bambaya, pour voir du gros gibier: éléphant, buffle, hippopotame, élan de derby, etc.

Chapitre 1

Le Fouta Djallon Avant l'Islamisation

Les anciens autochtones du Fouta Djallon paraissent avoir été des peuples cultivateurs-chasseurs, résidant dans les bas-fonds et parlant des langues semblables au Baga, au Tiapi, au Temné, au Limban et au Landouma que l'on parle encore aujourd'hui. Ces peuples auraient été très tôt refoulés par deux peuples étroitement apparentés: les Soussous et les Dialounkés. Originaires d'une zone comprise entre Koulikoro et Ségou au Mali, les Dialounkés s'établirent d'abord à Labé Télîdjé, sous la direction d'un certain Gourou Kanté, pour ensuite s'éparpiller sur toute la contrée nord. Les Soussous se fixèrent, au sud-ouest du Fouta, où ils chassaient, cultivaient dans les vallées, les plateaux herbeux restant incultes, bien qu'apparemment fertiles et propices à l'élevage.

Il semblerait que des Peulhs païens, venus du Sahel en remontant le fleuve Falémé à la recherche des pâturages et de l'eau s'y installèrent au 9e siècle.[2] Vers 1490, Koly Tenguélla, un guerrier Peulh païen s'établit au Fouta Djallon et construisit un tata (forteresse) à Guémé Sangan (Télimélé) dont les restes sont admirés encore de nos jours. Il serait à l'origine du Royaume animiste Déniyanké du Fouta Toro, que les Toucouleurs détruisirent en 1771 selon certains, ou en 1776 selon d'autres, pour mettre en place un régime théocratique sous l'égide des marabouts Torodo Thierno Souleymane Ball et Almamy Abdel Kader.

Ces Peulhs païens appelés Poulis, vécurent en petits groupes anarchiques, en symbiose avec leurs devanciers Soussous et Dialounkés. Plus tard arrivèrent, d'autres groupes, venant cette fois du Macina et du Termès, poussant devant eux d'importants troupeaux de boeufs. Ils arrivaient, fortement islamisés et seraient à l'origine de la création du Fouta Djallon Théocratique.

Les opinions sont partagées quant à l'origine des Peulhs.[3] Nous n'avons ni l'intention, ni la prétention d'élucider l'origine de ce peuple dont l'histoire a fait couler tant d'encre, et dont l'origine pose encore de nos jours et peut être posera toujours, une énigme aux ethnologues les plus émérites.

Certaines les font descendre des Berbères, les autres (la majorité) les présentent comme originaires des anciens Egyptiens de la vallée du Nil. Peuples pasteurs, précédés de leurs troupeaux, ils allaient en vrais nomades, accompagnés de la tribu à la recherche de nouveaux pâturages. Quand l'herbe manquait en un endroit, ils transhumaient vers un autre point; et c'est ainsi que, de pacage en pacage, d'oasis en oasis, ils auraient suivi les contreforts de l'Atlas pour descendre d'abord en pays berbère jusqu'à Fez. De là, ils se seraient retrouvés au Tagan, au Sahel, au Macina, s'éparpillant dans toute la vallée du Niger pour venir finalement s'implanter dans les trois Fouta: Fouta Djallon, Fouta Toro, et Fouta Nigérien.[4]

Un autre exode aurait conduit une autre fraction de ce même peuple, à travers l'Ethiopie, le Soudan pour stopper encore au Macina où la boucle s'était enfin bouclée. En ces endroits, la fertilité du sol, la salubrité des climats, l'abondance des eaux et surtout la richesse des pâturages les retinrent. Et peu à peu, ils se sédentarisèrent. Certaines familles de cette tribu Peulhe nomadisent encore de nos jours, poussant toujours leurs importants cheptels, notamment au Sahel et en Centre Afrique, où ils sont connus sous le nom de Bororo.

L'exode des Peulhs vers le Fouta Djallon ne se serait pas fait d'un seul coup, mais par tribus. De la vallée du Niger et du Sahel est donc partie l'origine des Peulhs du Fouta Djallon, eux qui sont le fruit d'un métissage entre Arabes et Peulhs bronzés.

Le vénéré Thierno Aliou Bhouba NDiyan et l'historien Peulh Thierno Souleymane Sâyandé ont écrit sur l'origine du Peulh islamisé. Selon eux, voici la genèse:

Saïdina Oumar Ibn Khattab (2e Calife de l'Islam et Lieutenant du Prophète Mohamed) avait envoyé à l'ouest de Missira (le Caire), une mission chargée de convertir à l'Islamisme, tout peuple païen qu'elle rencontrerait, et de renforcer la foi de tous ceux qui étaient déjà convertis. Conduite par Oumar Boun Assi, la caravane musulmane arriva au Macina où elle fit connaissance avec un groupe Peulh ignorant les principes de l'Islam. Elle l'appela à la voie du salut, et il y eut de nombreuses conversions dont celle du chef de la tribu.

Après quelques mois de vie commune avec les nouveaux mahométans, la mission manifesta le désir de retourner au bercail. Sollicité par le nouveau groupe musulman de la place, Oumar Boun Assi, mandata Ougbata Boun Nafiou et quelques autres compagnons arabes, à rester pour parachever la mission d'islamisation. A la longue, tous les étrangers contractèrent mariage avec des filles de la tribu Peulhe. A Ougbata lui-même, le chef de clan accorda une de ses filles du nom de Madjoumâou en l'an 15 de l'hégire, soit en 637 de l'ère chrétienne.

Cette fille donna naissance à quatre garçons. L'aîné fut baptisé Aribou. Il serait l'ancêtre des Ourourbhé Bah et Baldé. Au second, ancêtre des Férobhè ou Sow, on attribua le prénom Wané. Le troisième ancêtre des Diallobhé ou Diallo prit le prénom de Bodhéwal. Il parait que de ce clan étaient issus les chefs de la tribu Peulh au Macina. Au benjamin des enfants, aïeul des Dayébhés ou Barry, fut attribué le prénom Daatou. Tous les autres enfants nés des ménages mixtes Arabes-Peulhs s'allièrent à ces quatre (4) fils pour former les quatre grandes familles Peulhes: Bah, Sow, Diallo et Barry ou Diakité, Sidibé, Diallo et Sangaré. Pour les jeux et plaisanteries des enfants, le troisième fut confié à l'aîné et le benjamin Barry au second Sow. C'est ainsi qu'est né le système de "Sanakou." Les Diallo sont "Sanakou" des Bah et les Barry "Sanakou" des Sow.

Les descendants des quatre frères et leurs cousins issus des ménages mixtes, s'islamisèrent à grande échelle. Ils vécurent des siècles durant sous le commandement des chefs païens du Bassin du Niger. Au fil du temps, ils durent émigrer vers l'ouest, à la recherche de pâturages plus propices, où ils exerceraient leur foi en Dieu dans la quiétude. Bien que leur pays d'origine restât païen, ces éleveurs se seraient fortement acculturés par l'islam Soudanais. Parmi eux, nombreux érudits se distinguèrent. Ce fut le cas de Saïkou Mouhammadou Ali Kaly dit NDouyé, aïeul de la famille NDouyédio (Généalogie 1), qui s'était implanté à Diafouna en milieu Sarakollé. Il y enseigna la religion. Sa progéniture parla Sarakollé. C'est ce qui avait incité le défunt Président de Guinée (Sékou Touré), dans son attaque contre les Peulhs en 1976,[5] d'écrire et d'affirmer, que les NDouyébhé de Labé Dow Saré étaient plutôt Sarakollés que Peulhs.

Chez les Diallobhé (Généalogie 2), citons Saïkou Aldiouma Ibn Ilo. Ilo, père de Saïkou Aldiouma et petit-fils de Bodhéwal, fut l'un des premiers Peulhs islamisés à s'établir dans le Fouta Djallon, à Pitadji, dans le Labé où il trouva déjà établis des Peulhs fétichistes descendants des Poulis. Il eut pour fils Al Diouma, dit Maoundé qui mourut à Sombili dans le Labé, et qui est l'ancêtre des grandes familles Yillabhé de Labé. A sa mort, ce dernier laissa quatre fils mâles dont: Moussa Koullé dit Koly, ancêtre des Woussinayanké de Bouroudji, des Patéyabhé de Diountou et des NGuériyabhé. Féré, ancêtre des Féréyabhé du dîwal de Labé. Hammadi, ancêtre des Hammadiabhé de Labé. Boukari, qui donna naissance à NDiobo ancêtre des Ndiobboyanké, et à Kalidou aïeul des Kalidouyanké de Labé.

Kalidou se rendit au Sahel pour des études islamiques et revint avec un exemplaire du Saint Coran et une connaissance parfaite de la religion musulmane. Il convertit à l'islam une bonne partie des Peulhs fétichistes. Son fils Abdoullaye donna naissance à Mamadou Saliou dit Abou Saliou père de Alpha Mamadou Cellou qui sera plus tard connu sous le nom de Alpha mo Labé.[6]

Chez les Férobhé citons Karamoko Alpha mo Konkobala et Saïkou Moussa Sow Ibn Salli Dian de Kébali, un des neuf (9) membres fondateurs du Fouta Djallon Théocratique (Généalogie 3).

D'après les chroniques anciennes du Fouta Djallon, l'illustre famille Barry dont les descendants Fodouyé Séry et Fodouyé Seydi, auraient construit la ville de Fougoumba pour le premier et la ville de Timbo pour le deuxième serait issue du prophète Mohamed de sa fille Fatimata Zahra. Celle-ci aurait enfanté Chérif Alhoussayni père de Saïkou Abbana qui à son tour donna le jour à Youssoufou. Celui-ci fit naître Abbasi père de Maliki. Ce dernier enfanta Abdoullaye père de Mamadou Mouctar. Mamadou Mouctar donna naissance à Fodouyé Séry l'ancêtre des Sériyanké de Fougoumba et de Bantignel, ensuite à Fodouyé Seydi ancêtre des Seydiyanké Soriya et Alphaya de Timbo et Dabola. Cette grande famille serait venue de Tichitt au nord-est de la Mauritanie. C'est de cette famille qu'ont été toujours désignés les Almamy du Fouta Djallon. (Généalogie 4 & 17).

Chapitre 2

Implantation des Peulhs au Fouta Djallon

Ces nouveaux émigrés Peulhs arrivèrent au Fouta et s'y établirent par affinités, par clans, sous la conduite des patriarches (des ancêtres éponymes) dont plusieurs clans portent aujourd'hui les noms pour les immortaliser: ce sont les Kalidouyanké, Sourgayanké, Sériyanké, Seydiyanké, etc. Les groupes familiaux se dispersèrent dans tout le Fouta Djallon, prospérant et se multipliant ici, végétant par ailleurs, et quelquefois même s'éteignant.

Les Familles Bah ou Baldé

Ces familles sont représentées par les familles suivantes:

La famille NDouyédio, (Généalogie 1) dont les ancêtres seraient venus du Macina. Au Fouta Djallon, ils habitent surtout dans le Labé: à Kompanya, Manda, Koliya, Banti, Horé Comba, Sala, Tounni, ainsi que dans le Timbi notamment à Sintaly, Bourkâdhié et Sanka. La famille NDouyédio donna naissance à de grands lettrés tels Thierno Mamadou Diouhé Houbbou de Laminaya, Thierno Aliou Bhoubha NDiyan et son fils cadet El Hadj Thierno Abdoulrrahmane Bah.

La famille Mbalbhé réside à Gnagantou, Wesseguéla, Touni, etc. Les ancêtres sont originaires de Foumihara

Demboubhé dans le Fouta Toro.

La famille Koulounnanké réside un peu partout dans tout le dîwal de Koyin, à Gobiré, Séfouré et Lonsiné dans les Kolladhé. Ils se réclament Koulounnanké Balla et Simpi et habitent les villages suivants: Siguirâ, kâfa, Douréko, Souméta, Sânama, Tougué, Woulinko, Gaygui, et Koyin Missidé pour les Balla ; Kégnâ, Dambi, Kâfa, Kalanka, Pandié, Toké, Maniaba, Tounkourouma, et Tougué Centre pour les Simpis. Les deux familles cohabitent un peu partout. Leurs aïeux sont originaires de Foummihara Dem Dembhé dans le Fouta Toro. Mama Amadou, venu de Foummihâra s'établit d'abord à Simpiya, ensuite à Koundiéya (ancienne demeure de Koly Tenguélla). D'où le nom Kolynnabhé déformé en Koulounnanké. Mama Amadou enfanta trois garçons: Boubacar, Mamadou Lamarana dit Mamadou Bhalédio (le noir), et Youssoufou. Tous moururent à Koundiéya, mais leurs descendant émigrèrent. Ceux issus de Boubacar donnèrent naissance aux Koulounnanké de Kankalabé, les petits fils de Mamadou Bhalédio s'établirent à Koyin NDantari, et ceux issus de Youssoufou dont Thierno Saliou Balla s'installèrent à Kankalabé et Lonsiné. C'est de Kankalabé qu'est partit Thierno Saliou Balla pour Koyin. Les Koulounnanké Simba, petits fils de Mama Amadou restèrent à Simpi, non loin de Mombéya.

La famille Laliabhé réside principalement dans les villages de Gonkou, Bandéa, Pellel et Lalia (Généalogie 5).

La famille Hélayabhé habite dans le dîwal de Timbi Touni, à Monoma, Nampougou, et Bambaya dans le Télimélé. Elle se subdivise en trois grandes familles: Bhé Thierno Souleymane Tioro, Bhé Mama Soro Boubacar, et Bhé Mama Abdoullaye (Généalogie 6).

La famille Demboubhé réside particulièrement dans le Koyin, à Bodié et Tioro. Leurs ancêtres parmi lesquels Eliman Oumarou mo Bodié, et Thierno Ibrahima Fodouyé de Dian Bessé (Koyin) sont originaires de Foummihâra Demboubhé. Thierno NDioubaïrou fils de Thierno Fodouyé fut l'un des promoteurs de la guerre sainte dans le Koyin, auprès de Thierno Saliou Balla Koulounnaké.

La famille Loudabhé (Généalogie 7) habite surtout dans le Dalaba, à Pelloy Horè Djima, et à Soumpoura (Koyin). Elle est issue du légendaire Foulah Ndi Bangassi de son vrai nom Sa Imi qui, selon la légende serait fils d'un certain Brahim de Benghazi[7] né à Tichitt. Ses enfants s'établirent à Dalaba, Kala, Sébhori, et Lélé, d'où certains partiront pour d'autres localités du Fouta.

Les familles Dembéléyabhé et Dembayabhé se rencontrent éparpillées partout dans le Fouta.

La famille Sourgayabhé (Généalogie 8) occupe la province de Maci dans le grand dîwal de Timbi. Elle descend de Thierno Souleymane Sourga arrivé à Maci en 1510. Il fut l'un des précurseurs de l'Islam au Fouta Djallon.

Dans ce groupe nous ne citons que ces familles sans pour autant oublier qu'elles sont très nombreuses.

Les Familles Diallobhé ou Diallo

Ces familles sont composées principalement des familles suivantes:

La famille Yillabhé (Généalogie 2) qui est éparpillée dans tout le Fouta. Elle est issue de l'ancêtre Aldiouma Ibn Ilo dit Maoundé. Elle est composée des: *Kâlidouyanké* (Généalogie 9) peuplant les villages de Satina, Ley Bilel, Sombili, Koggui, Nadhel, Bagnan, Sarékaly, Kâdé, Gnakaya, Tiewiré, Koundou Tiankoy, Diôgoma, Tountî, Soûgué, Bendjou, Popodara, Wora Sengueti, Binani, Guiledji, Koubia, Yambering, Bara Pellal; *NDioboyanké*, à Labé Dhepperé, Pilimini, Pitadji, et ils portent le nom Bah dans le Timbi; *Woussinayanké*, à Bouroudji, Zawia, Wansan, Taranbâli, Sébhori, Bêlel Bouroudji, Horé Bombi, Sannoun, Dabbhi, Bhoundou Barké, Lafou Bouroudji; *Patéyabhé*, à Diountou; *NGuérianké* résident à Koura Mangui, Diari, Sagalé, Timbi Diari, Hérico, Toulel Signon, Labé Dhepperé,

Madina Gnannou, Tinkéta, Koundou Tiankoy; *Féréyabhé*, habitent Féréya; *Hammadiabhé ; Iloyabhé* habitant Toulé et dont les descendants (petits fils de Mama Dian Samba) peuplent présentement le Kébou.

La famille Djimbalabhé peuple Koula, Maléa, Zawia, Koundou Dhaggui, Teguegnin, Fèllo Hamma, Dioma. Ils sont issus d'un ancêtre du nom de Mama Fodouyé Diallo originaire de Djimballa dans le Macina. Après ses études islamiques à Tombouctou, Mama Fodouyé émigra au Fouta Djallon pour s'établir à Horé Kassa. Il eut trois enfants dont un certain Almamy Maliki qui fut un grand érudit.[8]

La famille Kaliabhé habite Garambé.

La famille Timbobhé (Généalogies 10 et 11)[9] comme celles des Seydiyanké et Seriyanké est considérée dans les chroniques anciennes du Fouta, comme issue du Prophète Mohamed de par sa fille Fatimata Zahara. Son histoire véritable est contée depuis un aïeul du nom de Amadou Danédio (Amadou le Blanc) que certains appellent aussi Hammadi Ndanéri, et qui dirigeait une école coranique très florissante à Tombouctou. Sa première épouse du nom de Diâlo, engendra Mama Maliki père de Mama Foulah et de Mama Bory, respectivement ancêtres des Dialloyanké de Gongoré (Mamou), Kolladhé-Kankalabé, et de Timbi Madina. Sa seconde épouse Amoro mit au monde Mama Bacar Sama, Mama Mamadou Dian, Mama Souleymana, Mama Bacar Sina, et Salli Bongoro, respectivement ancêtres des Timbobhé Amoroyanké de Bhouriya et NDantaba, Bhé Bacar Sina de Porédaka, et Bhé Bongoro de Sankaréla. Ils résident à Gongoré-Timbo, Koûrou Dialoyabhé, sur toute l'étendue du dîwal de Kolladhé-Kankalabé, notamment Kankalabé, Séfouré et du dîwal de Timbi Madina jusqu'à Banguigni (Fria). Les Amoroyanké résident dans l'ancienne province de Bhouriya, NDantaba, Porédaka, Sankaréla dans Boullivel, Gadha Miti, Sébhori, et Mali où ils portent le nom de Barry. Autres Habitats Timbobhé: Falo Bowé, Bombi Bourou, Pountioun, Tountouroun, Bassara, Dongol Telimélé,

Djigué Manassigui, etc.

La famille Kolinké (Généalogie 12) fut parmi les premiers Peulhs vachers arrivés au Fouta. Un des leurs, Mama Abdoullaye Galo (le riche) que certains appellent aussi Saïkou Abdoullaye Walan Banna,[10] s'était très tôt établi au coeur du Fouta, à Campa, puis Bambéto dans le dîwal de Bomboli. Il reçut sa formation religieuse de Fodouyé Séry, fondateur de Fougoumba, nouvellement entré dans le pays et qu'il hébergea.

De Bambéto (Gongoré-Pita) et Horé Wédou (Telimélé) sont parties les têtes de pont pour l'exode des Kolinkés vers l'intérieur et même l'extérieur du Fouta Djallon, notamment en Guinée Bissau et Sierra Leone où ils constituent le principal noyau des Peulhs vachers.

La famille Séléyabhé (Généalogie 13) est considérée comme partie intégrante des Kalidouyanké à cause de leur aïeule, Nènè Aïssata bint Karamoko Alpha mo Labé. Ses enfants Nènè Aïssata, Modi Saïdou à Karantagui, Modi Karimou à Dalin Missidé, Modi Ousmane Tanou à Lélouma, Modi Bacar Dendé à Mombéa, Modi Abdoullaye Tanou à Gadha Comba, et Mama Ibrahima Bano ont donné naissance aux grands foyers Séléyabhé du Fouta Djallon. Les Séléyabhé ont fourni d'éminents hommes de culture tels que: Thierno Sadou Dalin, poète et grammairien surnommé "Océan intarissable" pour la profondeur de sa culture, Thierno Samba Mombéa, Karamoko Malal et Thierno Boubacar Poti de Lélouma auteur d'un traité d'astronomie, de météorologie et d'astrologie. Les familles Séléyabhés sont nombreuses à Dalin, Mombéa, Lélouma, Karantagui, Mouminiya, Tôlou, et Diawoya.

Les Familles Dayébhé ou Barry

Elles se subdivisent en quatre branches: *les Seydiyanké,* à Timbo et Dabola avec quelques îlots un peu partout dans le Fouta. Cette famille a toujours fourni les

Almamy du Fouta Djallon; *les Sériyanké*, à Fougoumba et Bantignel. Ils étaient les gardiens de la Constitution du Fouta Théocratique; *les Wouyabhé*, à Daralabé et dans la périphérie (Généalogie 14); *les Wolarbhé*, à Koulidara, Labé Télîdjé, aux environs de Labé, à Dounki Yillabhé, à Kankalabé, à MBouro (Bodié), à Gali, etc. Ils seraient venus de Bâkouna au Soudan.

Les Familles Férobhé ou Sow

Ces familles résident particulièrement à Kébali, Konkobala, à Tountouroun, à Timbi-Tounni, à Timbi-Madina, à Diaguissa, dans la périphérie de Timbo, ainsi qu'en îlots éparpillés partout dans le Fouta Djallon. Un de leurs ancêtres, Alpha Moussa Sow fut l'un des neuf (9) membres Fondateurs du Fouta Théocratique (Généalogie 3).

Chapitre 3

Islamisation du Fouta Djallon

Les Foulbhés islamisés arrivèrent par vagues successives au Fouta Djallon.[11] Là, ils furent accueillis sans méfiance. Leur arrivée n'avait pas été celle d'une armée conquérante, plutôt, ils s'étaient infiltrés discrètement un à un. Peuples pasteurs, ils occupèrent les grands plateaux herbeux propices à l'élevage, laissant aux Dialounkés, maîtres du sol, les vallées qui convenaient à leurs goûts de cultivateurs.

Certains des arrivants, plus anonymes, se cachaient pour pratiquer leur religion, de crainte d'être découverts par les maîtres du terroir. Dès qu'un groupe peulh se stabilisait, l'échange traditionnel du lait contre grains fit place à des rapports plus intimes, plus confiants, les cultivateurs donnant leurs animaux pour la garde, à l'éleveur pur sang qu'est le Peulh. Le Fouta s'ouvrit peu à peu au monde extérieur.

Durant tout le 17e siècle, la migration Peulhe s'accentua, et le nombre de musulmans grandit petit à petit. Tous les mécontents des vexations que causait le payement de la dîme, se rapprochèrent des nouveaux venus et embrassèrent l'Islam. L'éleveur ne se contenta plus de la place qui était la sienne. Grâce à son pouvoir d'adaptation, à la simplicité de sa doctrine, joints au déclin des formes sociales traditionnelles, l'Islam exerça une attraction foudroyante.

Enhardis par le nombre sans cesse croissant des

adeptes, les musulmans décidèrent de ne plus se cacher pour prier Dieu et chanter les louanges du prophète Mohamed. Les Dialounkés et Poulis réagirent, parfois même avec violence, sommant souvent les musulmans à ramasser la terre sur laquelle ils avaient prié, et d'aller la jeter loin des habitations. Alors débute une guerre à outrance contre les infidèles Peulhs et Dialounkés qui voulaient rester fidèles aux croyances et aux habitudes de leurs pères, s'adonner à la musique et à la danse, dont les mahométans avaient horreur.

En ces temps, les animistes organisaient périodiquement de grandes danses, occasions de retrouvailles de toutes les populations avoisinantes. La danse était pour eux une activité communautaire, et avait une autre finalité que le plaisir: obtenir des dieux, la fertilité des champs et la fécondité des femmes, ou encore fortifier le courage des jeunes guerriers, en leur faisant mimer par la danse les gestes augustes du combat.

Alors, une guerre de religion s'amorça au Fouta. Pour les animistes, les musulmans doivent partir ou apostasier. Pour ces derniers, plutôt mourir que renoncer à la religion d'Allah. Le choc était inévitable.

A l'appel pathétique d'éminents marabouts[12], il y eut partout des affrontements entre païens et musulmans. Ces marabouts dont la culture religieuse et l'intelligence faisaient la célébrité, se concertèrent, et décidèrent d'écarter les fétichistes de tout pouvoir, et d'implanter définitivement la religion musulmane dans le Fouta. La révolte des sujets fut prêchée par des mystiques dont Thierno Ibrahima Sambégou Ibn Nouhou mo Timbo qui resta sept (7) ans, sept (7) mois et sept (7) jours à égrener son chapelet dans sa case et sur la montagne Helaya demandant à Dieu, la conversion des infidèles.

De son coté, Thierno Mamadou Cellou mo Labé tenait tête à Toûfi, chef animiste de Binani, à Yéro Yholo de Bouroudji, et à Koumba Wâgarâri de Popodra.

Djibéri, grand chef animiste de Bamicouré Rangabhé

(dans le Timbi) supervisait un royaume couvrant tout le Timbi et s'étendant de Fétèrè Forgo, près de Kindia, sur la route de Telimélé, à Gnîré Dâli, non loin de Kédougou au Sénégal. A Kébali, Dian Yéro, autre grand chef fétichiste faisait la pluie et le beau temps.

Alors que les musulmans des secteurs de Timbo, Bhouriya et Fougoumba étaient confrontés à l'atrocité des animistes de la zone, Thierno Saliou Balla mo Koyin (de retour de son exil volontaire au Macina) était traqué aux portes de la caverne Gnakala par la coalition des chefs païens Paté Wolo Soumpoura, NDiaddal Gnakala Silorbhé, Gâre-Malipan, Dawda Guiri Sambia, Samba Limba Ndi Kaba. A la suite de nombreuses menaces de mort dont il fut objet, Thierno Saliou Balla mo Koyin adressa une correspondance pathétique à Alpha Amadou mo Kolladhé-Kankalabé, son voisin immédiat. Celui-ci en répercuta la teneur à tous les grands marabouts du Fouta Djallon.

Sur invitation expresse de Alpha mo Kolladhé, Alpha mo Labé et Thierno Ibrahima Sambégou de Timbo se rendirent à Kankalabé. A trois, ils tinrent une réunion secrète de concertation, à Lémounnè Tatoy (en bordure de la rivière Kankalabéwol) sur la situation qui prévalait alors dans la région. Ce fut l'amorce de l'unité du Fouta et la première rencontre de ses grands marabouts. A l'issue de la rencontre, Alpha mo Labé pour le Timbi et Labé, Alpha mo Kolladhé pour le Koyin et Kébali, Thierno mo Timbo pour les Haccoundé Mâdyé furent chargés de populariser le consensus. Encore de nos jours trois pierres matérialisent le lieu de la rencontre. Il eut échanges de messages, et une rencontre de tous les ténors musulmans du pays fut envisagée en un lieu estimé sûr, à raison d'un par secteur.

Le Timbi fut choisi, et la rencontre eut lieu à mi-chemin entre Bouroual Tappé et Bomboli, dans les buissons longeant l'actuelle grande route Pita-Dalaba. Là, les marabouts délibérèrent sans désemparer. Pour plus de sécurité, et par crainte d'être surpris par les infidèles, ils durent souvent changer de place. Finalement, ils parvinrent à Fougoumba. L'arrêt des travaux de concertation fut sanctionné par la lecture du Coran dont la traduction fut confiée à Thierno Samba, le sage de Bhouriya et doyen de tous les croisés.

Entre autres décisions, il fut décidé de lancer la guerre sainte (Jihad) contre les animistes. Toutefois, avant de déclencher ouvertement les hostilités, un sort fut tiré pour apprécier du succès ou de l'échec de l'entreprise. Ainsi, il fut décidé que chaque marabout participant au conclave devrait tirer une flèche sur un arbre "Doundouké Hôré Wândè." Si les neufs projectiles atteignaient l'objectif, ce serait un signe de vrai succès. Par contre, si un seul ratait, cela signifiait que c'est le contraire qui se produirait. Les neufs marabouts tirèrent et tous les projectiles atteignirent l'objectif visé, toutes les flèches s'abattant au même point d'impact. Ainsi garantis de l'approbation d'Allah, les fidèles partirent pour la grande aventure, pour vaincre ou pour périr.

La guerre fut immédiatement déclarée aux fétichistes. A l'improviste, les marabouts envoyèrent une armée de partisans à Kébali, lieu de résidence de Dian Yéro puissant chef Pouli animiste. Le coup d'essai des musulmans fut un coup de maître. En effet, sans être vus, ni à l'aller, ni au retour, les soldats de la foi accomplirent leur mission. Ils tuèrent Dian Yéro et s'emparèrent de ses biens, à l'insu de tous les fétichistes du pays. Aussi, à Horé Ténè, Dow Ditinn (Dalaba) une caravane de païens revenant de Bhoundou et traversant le Fouta par Timbi, Bomboli, Sébhori, et Dalaba, fut interceptée, pillée et anéantie.

Ces deux événements sensibilisèrent les fétichistes, et à leur tour, ils rassemblèrent une armée pour se défendre. Tous les chefs animistes, Peulhs, Maninka, et Dialounkés du Sud-Foutanien se coalisèrent et lancèrent une puissante armée contre les musulmans. Ils se concertèrent et amassèrent leurs troupes dans un village en bordure du fleuve Bafing, non loin de Timbo. Ils fortifièrent le village et s'y barricadèrent.

Les soldats de la foi, sous le commandement de Ibrahima Yéro Paté qui sera plus tard, Almamy Sory Maoudho, les assiégèrent durant trois semaines. Un des disciples musulmans s'étant aventuré au bord du fleuve pour reconnaître la position des ennemis revint avec une multitude de flèches fichées dans le dos. Les païens le pourchassèrent et se jetèrent imprudemment dans le fleuve. Ils offrirent ainsi des cibles faciles aux musulmans qui rompirent les barricades et donnèrent l'assaut. Dans le village, on se battit pied à pied, de case en case, blessant et tuant à coups de haches, de sabres, de flèches, de lances, et de massues.

Face à l'offensive, les infidèles étaient déterminés à résister jusqu'à l'ultime sacrifice et jusqu'au dernier homme. Au plus fort du combat, un musulman de Bhoundou tira un coup de feu avec son fusil à pierre. La détonation retentit comme de la foudre, et les ennemis crurent que les musulmans avaient fait appel à leur Dieu qui leur avait instantanément répondu en envoyant la foudre. Ce coup de fusil sonna le glas dans les rangs des animistes qui l'entendaient pour la première fois. Ce fut la débandade et malgré leur infériorité numérique (99 contre 1200), les croyants remportèrent la victoire.

Pouli Garmé, commandant en chef des armées animistes y trouva la mort avec de nombreux compagnons. La plupart des survivants adoptèrent la religion des vainqueurs et les réfractaires vaincus et traqués de toutes parts s'enfuirent vers l'Ouest. Les Dialounkés rescapés s'établirent sur la côte, notamment dans le Kakandi, et les Poulis (Peulhs animistes) gagnèrent le NGabou en Guinée Bissau. Cela se passa en l'an 1140 de l'hégire, soit 1727-28 de l'ère chrétienne. Ce fut incontestablement la bataille la plus meurtrière et la plus décisive de toute l'histoire de la conquête du Fouta Djallon par l'Islam. En souvenir du premier coup de fusil entendu, le village témoin de la scène porte le nom de Talansan.

Cette première victoire éclatante de l'Islam sonna le glas chez les animistes, et partout dans le Fouta il y eut conversion massive. Contrairement à la thèse communément accréditée, la guerre sainte au Fouta Djallon n'a jamais été une guerre entre Peulhs et Dialounkés, mais plutôt une guerre opposant tous les musulmans de toutes ethnies confondues, aux animistes de quelque ethnie fussent-ils. D'ailleurs, c'est avec les Peulhs fétichistes du premier courant migratoire comme Dian Yéro, Pouli Garmé, et Paté Wolo que la lutte fut plus âpre.

De Talansan l'armée victorieuse rentra à Fougoumba, chargée d'innombrables butins. Les marabouts se séparèrent, convaincus de la victoire finale de l'Islam, avec certes consigne de continuer la lutte, pour contraindre les païens à accepter la foi par la force des armes. Un conseil de guerre constitué à cet effet devait parachever l'oeuvre entreprise.[13]

Des centres musulmans furent crées dans le massif des hautes terres, où ils assimilèrent les autochtones, puis essaimèrent en rayonnant par conquête ou par influence. C'est ainsi qu'aux alentours du Fouta totalement islamisé, se formèrent des îlots parmi les autochtones mi-musulmans, mi-paiens, avec influence réciproque, mais sans assimilation, sans absorption des uns par les autres.

Dans le Fouta méridional, la communauté Peulhe fut fortement marquée par l'influence Malinké. Néanmoins, l'expansion du Fouta vers l'est et le sud fut stoppée par les collectivités mandingues. Timbo exerça une suzeraineté sur le Houré Kaba malinké, et eut aussi de bonnes relations avec le Limban, plus au sud dans l'actuelle Sierra Leone.

La zone d'influence du Haccoundé Mâdié (Fougoumba, Kébali, et Bhouriya) s'étendait au delà du Konkouré sur les royaumes Sosso qu'ils avaient soumis à tributs réguliers (Bilima, Kinsan, Sannoun, Tamisso, et Saloun).

Les Timbis eurent une expansion occidentale énorme, soumettant et repoussant vers la côte, les peuples animistes de Labaya, Sombori, Lisso, Bouramaya, et Tiya. Le Fouta établit sa suprématie sur toute la côte, en vue de son monopole sur le commerce des esclaves dans les "Rivières du Sud", notamment dans deux d'entre elles : le Rio Nunez et le Rio Pongo.

Dans le NGabou vivaient des païens. Le Fouta mit fin à ce royaume animiste par la chute de Kansala (Trouban)[14] dont le dernier roi Dianké Waly le légendaire périt avec de nombreux Peulhs dans son palais qu'il incendia pour échapper à la capture par ces derniers vers 1868. En plus du NGabou, nous citerons le Badiar, le pays des Tiapis et Landoumas et de tous ceux que les Peulhs appellent "Sebbhés."

Au nord, malgré leur petit nombren les Coniaguis résistèrent toujours à la conquête Peulhe. Les Bassaris, eux se laissèrent entamer sous l'influence de Thierno Abdoul Gouddoussi et Thierno Ibrahima dit Waliou NDama. Le Sangala, pays Dialounké ne fut jamais conquis, pas plus que le Wontofa son proche voisin de l'est.

Chaque marabout de son côté fit oeuvre utile et au bout de quelques années, les fidèles, sous la bannière de l'Islam soit par la force des armes ou par la voie pacifique contrôlaient tout le Fouta-Central.

Chapitre 4

La Confédération Théocratique du Fouta Djallon

En l'an 1147 de l'hégire (1734) de l'ère chrétienne), les marabouts se rencontrèrent à Timbi, chez Thierno Siré mo Bourkadhié (Généalogie 15) et Thierno Souleymane Tioro. Ayant lancé la Jihad à Fougoumba, il fallait maintenant coordonner les efforts, pour créer des institutions qui régiront désormais le pays converti. Institutions à la tête desquelles on placerait un chef coordonnateur des activités à entreprendre, un Imam, gardien et interprète du livre saint et du commandement divin. Après fortes tractations, le choix fut porté sur Thierno Ibrahima Sambégou Ibn Nouhou mo Timbo, qui devenait ainsi le premier Almamy du Fouta Théocratique, le guide spirituel suprême des croyants du Fouta Djallon avec le titre de Alpha. Il était réputé pour sa piété et sa grande droiture.

De délibérations en délibérations, de dîwal en dîwal, les marabouts s'arrêtèrent cette fois encore à Fougoumba, pour populariser les décisions prises et promulguer une constitution devant régir le Fouta, et cela en présence de nombreux fidèles venus des quatre coins du pays. Alpha Ibrahima Sambégou fut couronné chef de toute la nouvelle Fédération avec le titre de Almamy. C'était l'Abbasside, Lieutenant de Dieu, successeur du Prophète, chef de l'armée musulmane perpétuellement mobilisée pour la guerre sainte.

Tous les autres marabouts, jurèrent obéissance et fidélité au nouvel Almamy. A son tour, l'Almamy confirma tous les autres compagnons chefs de leurs provinces respectives avec le titre de Alpha, celui de Timbi restant Thierno.

A l'unanimité des târîkha ou chroniques anciennes du Fouta, il semble que Karamoko Alpha soit un descendant de Fodouyé Seydi dont on parle encore de la longue pérégrination à la recherche de Timbo, avec trois collines alignées derrière une plus grande montagne orientée d'ouest en est. Il serait né de parents très pauvres, Nouhou et Djiba Djewba. A sa naissance, son père Nouhou avait dû aller chercher un bouc pour son baptême auprès de sa belle famille à Bhouriya. Au retour, il se noya dans la rivière Samoun, non loin de Timbo. Orphelin de père dès sa naissance, Ibrahima Sambégou (de son vrai nom) a été élevé dans sa famille maternelle, chez Hammadi mo Lari Dyewba (Toukan), animiste converti, vivant sous la protection de Thierno Samba Bhouriya. Il fit de brillantes études coraniques auprès du vénérable Thierno Samba mo Bhouriya. De nos jours encore, les habitants de Bhouriya entretiennent pieusement l'emplacement où l'enfant prodige reçut les premières leçons du Coran. Doué d'une intelligence exceptionnelle, il devint vite un hafiz, un exégète distingué. Il acheva sa formation à Kankan puis à Kolin chez Alpha Gourdho. Dès son retour à Timbo, il entreprit la conversion des païens de la région souvent par persuasion. Plusieurs fois il faillit être victime de sa témérité.

Karamoko Alpha fit de Timbo un centre islamique très brillant. Il eut de nombreux talibés (élèves) venant de partout en quête d'instruction religieuse. Il construisit la grande mosquée de Timbo aidé de ses fidèles compagnons Fodé Ishaga et Fodé Ousmane de Timbo-Dalaba. Il avait horreur des biens matériels, raccommodait lui-même ses vêtements, et récoltait son miel. Très modeste, il se contenta du titre de Karamoko. Il institua une mesure de 1,500 kg de riz net qui portera son nom "Sariyâré Karamoko Alpha." Il était plus marabout qu'homme de guerre. C'est son cousin Ibrahima Yéro Paté dit Sory Maoudho qui dirigeait les guerres (combats). Sous l'autorité de Karamoko Alpha, le Fouta dut engager 18 combats contre les animistes Poulis et Dialounkés.

Devenus maîtres de tout le Fouta, les Peulhs organisèrent le pays en neuf (9) grandes provinces ou dîwés "Diwanou Kononto" à savoir : Timbo, Bhouriya, Fougoumba, Fodé Hadji, Kébali, Kolladhé-Kankalabé, Koyin, Timbi, et Labé. Cette organisation était régie par une constitution accordant une importance particulière aux familles des marabouts fondateurs de la Fédération. Aussi, le droit d'aînesse prévalait dans les familles. Toute effraction à la loi coranique était considérée comme un crime de lèse majesté, comme une trahison, et devrait comme tel être sanctionnée.

Au départ, Timbi, Koyin et Koladhé constituaient un front commun dénommé dîwal de Hôré Nano. Ce qui fit dire à certains historiens que la Confédération du Fouta Djallon avait démarré avec sept provinces. C'est une autre réunion de tous les marabouts, qui eut lieu à Béli près du village de Bantignel Maoudho, sous la présidence de Karamoko Alpha, qui porta à neuf (9) le nombre des provinces avec l'éclatement du Horé Nano, libérant ipso-facto Koyin, Timbi et Kolladhé.

A Fougoumba, les coalisés décidèrent que Timbo, siège de l'Almamy serait la capitale politique et administrative de la Confédération. Fougoumba fut promu capitale religieuse, où devrait être couronné tout nouvel Almamy et où l'Assemblée Confédérale siégeait et délibérait chaque année durant trois (3) mois. Les Kolladhé-Kankalabé, où régnait Alfa Amadou beau-père de Karamoko Alpha et promoteur de la première rencontre des marabouts seraient le lieu où tout réfugié obtenait ipso-facto grâce de Timbo, quelque soit la gravité de la faute commise. Il fut aussi décidé que tout couronnement d'un nouvel Almamy serait effectué par le chef de Fougoumba en personne. Le choix de l'Almamy se ferait à Bhouriya, dont le Karamoko se chargeait de la fourniture du sceptre et du turban, symboles du commandement. Ce choix était précédé par l'élection primaire du futur Alpha de Timbo par les cinq Tékouns du dîwal, à savoir : Tékoun de Thierno Makka, de Thierno Amadou, de Thierno Youssoufou, de Thierno Malal, et Tékoun Maoudho.

Entre autres clauses de la "Loi Fondamentale", il fut arrêté qu'en cas de vacance de pouvoir, ne pouvait prétendre à la relève que l'héritier direct, le plus proche et aussi le plus âgé.[15] Un oncle, un frère ou un cousin ne pouvaient faire acte de candidature en présence d'un fils mâle. Ainsi, ne pouvaient accéder à la magistrature suprême de la confédération, que les descendants directs de Karamoko Alpha de Timbo. Le patriarcat était de rigueur, et il en était ainsi dans toutes les provinces pour les familles des féodaux fondateurs. Il fut décidé d'apporter toujours assistance aux pauvres, aux étrangers, et aux vieilles personnes sur toute l'étendue du territoire du Fouta.

La Confédération ainsi réalisée se stabilisa dès la fin du 18e siècle. Elle avait à sa tête un Almamy, chef suprême, assisté d'un grand Conseil composé des chefs des Provinces, des Doyens des familles Yillabhés, ceux de Soriya et Alphaya de Timbo. Elle se composait des dîwés (dîwal au singulier) ou provinces dotés d'une autonomie interne. Cette division géographique en dîwés n'était pas nette, puisqu'une province pouvait créer d'autres colonies dans le pays païen voisin comme: le *Timbi* avec Sokili , Kébou, Monoma, Bambaya, Consotami vers Kakandi; *Fougoumba* avec Kala, Tamisso, Sannoun, Saloun jusqu'à la Kolenté; *Timbo* avec le pays Sosso de Kokouma, les Malinkés du Houré Kolin, et les Dialounkés du Sud; *Labé* avec Binani, Kinsi-Kôté, NDama, Bowé, Tanda, NGabou et Badiar; *Koyin* avec Gadha Kolé et Gadha Woundou.

La province de Timbo était sous la responsabilité

directe de l'Almamy qui en était le chef. Les décisions de guerre ou de paix relevaient de la seule compétence du Grand Conseil composé des chefs des provinces, de certains dignitaires de Timbo, et des doyens des Irlabhés.

Le Fouta théocratique était une société étatique se fondant sur des inégalités sociales accentuées, avec des hiérarchies privilégiant un groupe aristocratique et de nobles. Chaque individu avait un statut net: soit d'homme libre, d'affranchi, de serf, ou d'artisan. Il occupait un échelon déterminé dans la hiérarchie. La distinction musulman non-musulman fondait la séparation fondamentale entre maîtres et esclaves. Au sein même de la société des hommes libres, des discriminations motivées par l'antériorité dans l'adhésion à l'Islam justifiaient des différences de statut entre lignages propagateurs de la foi, bénéficiant de tous les droits, et lignages convertis "Tounnoubbés et Tounnabhés." Il y avait aussi la masse des hommes libres appelés "Foulbhés Bourouré" ou Peulhs de brousse. Il s'agissait surtout des pasteurs de la première vague d'immigration ou "Poulis." Il y avait aussi les esclaves, fruits des razzias et des guerres. En somme, le critère religieux déterminait à lui seul, les fonctions politiques, militaires, et religieuses auxquelles des citoyens pouvaient prétendre. C'est sur ces bases que les promoteurs de la Jihad et leurs descendants, victorieux des Dialounkés et des Peulhs païens se constituèrent en aristocratie. Ils s'étaient octroyé leur légitimité au nom de Dieu. Cette aristocratie fut composée des chefs politiques et de leurs familles "Soudou Lamou", des conseillers, des collaborateurs, des notables, et des lettrés. Cette aristocratie détenait tous les pouvoirs.

Il y avait une fraternité de croyants au sein de l'Islam qui était venu apporter un des plus forts liens qu'avait connus l'humanité, la communauté des croyants d'un même Dieu destinée à une vie future commune, unie en ce monde pour la propagation et la défense de la foi. Dans cette société, les autorités politiques et familiales étaient très respectées et écoutées. Cette subordination était renforcée par des attitudes et des langages: “bolodian” au lieu de “dolokkè” pour le boubou, “nafagol” au lieu de “gnamougol” pour manger, agenouillement pour saluer et pour remettre quelque chose à un supérieur ou à un aîné.

La vie politique était très intense, et on se concertait pour toutes les décisions à prendre dans le pays et dans chaque village. Le conseil des anciens “Kawtital Mawngal” intervenait à tout instant. Le chef ne pouvait agir sans consulter les anciens, et si leur avis n’était pas favorable, l’entreprise ne pouvait pas s’engager. Chaque année, après les semailles et récoltes, le conseil des grands électeurs (dignitaires de Timbo, chefs de provinces et des villages, doyens des familles) se réunissait en assemblée à Fougoumba sous la présidence effective de l’Almamy, et prenait toutes les décisions concernant la vie de la nation.

En matière de justice chaque dîwal avait ses propres juges officiels. Les délits mineurs étaient tranchés sur place dans les hameaux. Les inculpés pouvaient interjeter en appel auprès de l’Almamy qui faisait réexaminer le verdict. Certains cas ayant fait l’objet de controverse étaient tranchés devant la haute cour de Bodié composée de Karamokos éminents et réputés pour leur piété et leurs sciences juridiques. A cette cour suprême, les plaignants et accusés étaient séparés des jurés par un rideau de natte ou de bambou. Les dépositions étaient retransmises à haute voix par un tiers. Si l’affaire touchait à la religion, elle était transférée devant les sommités religieuses du Fouta qui se réunissaient à Fougoumba pour passer en revue la situation.

Le village était la cellule de base de la société. A sa mosquée, se faisaient les prières en commun. Chaque Vendredi les décisions relatives à la vie politique, administrative, militaire, et religieuse y étaient popularisées.

De décentralisation en décentralisation des provinces, notamment de celle de Timbi, on aboutira aux 16 provinces que les Français ont trouvé à leur arrivée à la tête du Fouta.

Les nouvelles provinces furent celles de Timbi Madina, Bantignel, Maci, Bomboli, Bouroual Tappé, Kébou, et Kolen.

La fin du 18e siècle verra l'expulsion, le massacre, l'assujettissement, en un mot l'écrasement complet des autochtones animistes, et enfin, la création d'un état. Les nouveaux maîtres du Fouta réalisèrent ainsi une Fédération régie par une constitution spéciale votée à Fougoumba et dont le fondement était l'Islam comme religion d'état, comme idéologie politique de conquête, et comme référence juridique dans les rapports sociaux.

La première moitié du 19e siècle constituât l'âge d'or de l'Islam au Fouta Djallon avec ses lettrés en arabe et des saints réputés pour leur savoir. Des mosquées au nombre de sept[16] avant Talansan, se multiplièrent rapidement. Lieux de prière et de rassemblement, elles formèrent l'ossature de l'administration politico-religieuse. Les rapports avec le Bhoundou et le Fouta Toro où existaient déjà des centres islamiques de renom, favorisèrent la prolifération de la culture.

Ainsi, le flambeau allumé à Fougoumba, au début du 18e siècle au lancement de la Jihad, ne s'éteindra que vers 1868 à la bataille légendaire de Kansala (Trouban) qui fut la dernière grande guerre sainte menée par le Fouta Djallon, pour l'expansion de l'Islam.

Chapitre 5

Cérémonies de Couronnement d'un Almamy

A l'occasion du couronnement[17] d'un Almamy, tout le Fouta convergeait vers Fougoumba. A l'aube, les coups saccadés de la tabala confirmait la nouvelle à la population alentour. Quand le soleil dépassait le Zénith, tous ceux qui étaient présents à Fougoumba se rendaient à la grande mosquée, avec les solennités qu'impose le moment. Le nouveau promu Almamy, vêtu de ses plus beaux atours s'asseyait sur une peau de prière (peau de mouton tannée) entouré des grands dignitaires et des Farbas (griots), ces derniers rivalisant de louanges à l'adresse du futur chef.

Devant toute l'assistance assise dans un silence de mort, le Karamoko de Fougoumba, gardien de la constitution prononçait son sermon traditionnel qui consistait à proclamer: “Au nom de Dieu, le Tout Puissant et de son Prophète Mohamed, nous vous proclamons solennellement Almamy du Fouta Djallon. A partir de cet instant, tout ce qui vit et repose dans ce pays est sous votre commandement légitime par la volonté de Dieu”. Ensuite, les neuf (9) turbans symboles du pouvoir dans les neuf (9) provinces sont présentés à l'assistance, empilés dans une calebasse. L'Alpha de Fougoumba sortait le premier turban, celui de Timbo et en ceignait la tête du souverain, l'étoffe retombant sur le côté droit de la poitrine. Aidé du chef de Labé, il faisait de même avec les huit (8) autres turbans.

L'opération terminée, l'Almamy prononçait en ces termes son discours: "Je salue l'Assemblée des croyants et remercie Dieu de m'avoir fait hériter le patrimoine de mes parents. A chaque habitant du pays, je restitue le sien. Que chacun veille sur son bien comme un berger sur son troupeau. Que chacun garde son enclos, son parc à bétail, sa bergerie. Celui qui entrera dans votre enclos qu'il soit saisi et conduit devant moi pour être jugé selon le livre." Au nom du Fouta tout entier, le Doyen du grand Conseil, un représentant de la famille Irlabhé, lui confiait la religion, les misérables, les voyageurs, et les vieillards. Il l'invitait à ne pas admettre qu'on fasse tort à qui que ce soit. Il exigeait que justice et équité règnent au sein de la communauté, que la résignation et la patience caractérisent les gouvernés. Le Doyen comparait les nouvelles charges de l'Almamy à une calebasse de lait posée sur sa tête. Pour peu qu'il trébuche, le liquide se verse. Il appelait le nouveau promu à la reconstruction des mosquées, et à la poursuite inlassable de la guerre sainte.

A son tour, l'Almamy renouvelait les mandats de tous les autres prétendants au trône des provinces. On procédait alors à un important échange de cadeaux en grains, en or, argent, animaux, et esclaves. Des cantiques, des chants de griots, des clameurs publiques et surtout le tintement strident des tabalas fusaient de partout dans Fougoumba. L'Almamy était par la suite soumis à une retraite de neuf (9) jours dans la case des Almamy où il veillait avec un délégué de la famille Wolarbhé qui l'empêchait de succomber de sommeil. Chaque matin on lui retirait un turban jusqu'à ce qu'il ne lui restât que celui de Timbo avec lequel il devait rentrer.

En fin de retraite "ou fagol", il faisait des cadeaux aux pauvres et aux étrangers et devait convertir des païens à l'Islam. Ce dernier acte occasionnait toujours une expédition punitive contre une poche de résistance, soit à l'intérieur ou en dehors de la Fédération.

Pour le retour, le cortège suivait l'itinéraire Fougoumba, Sankaréla, Porédaka, Bhourya, Doubbhel, et Timbo. Il passait au moins une nuit dans chaque centre précité. L'Almamy était l'objet d'une grande réception à Pitahoy Tabaldé "buissons de la tabala." En ces lieux, la tabala royale résonnait toute la journée et rentrait avec le nouvel Almamy très heureux mais aussi très inquiet des embûches qui l'attendaient désormais.

Chapitre 6

Evolution du Fouta Djallon Théocratique

Après les succès initiaux, la guerre sainte dura encore très longtemps et revêtit plusieurs aspects. Avec des troupes levées un peu partout dans le Fouta, Almamy Ibrahima Sambégou (1er Almamy), entama la conquête véritable du pays pour son islamisation intégrale. Il eut aussi l'ambition de conquérir les terres situées sur l'autre rive du fleuve Djoliba. Avec une importante troupe, il entreprit le voyage vers 1757, en compagnie de tous les chefs de provinces. A la traversée à gué du fleuve Niger, l'Almamy brusquement atteint d'aliénation mentale, dut rebrousser chemin. Il fut mis au fer plus de quatre ans dans l'espoir d'une guérison prochaine.

Celle-ci ne venant pas, le Grand Conseil confia le pouvoir à Ibrahima Yéro Paté (2e Almamy), cousin de l'Almamy malade. Celui ci s'était déjà distingué dès le début de la révolution, comme Commandant en Chef des troupes de la Confédération. Il fut connu sous le nom de Almamy Sory Maoudho (Sory le Grand).

Ayant battu les fétichistes en de nombreuses rencontres, Sory se fit proclamer Amiral Mouminine ou Almamy. Les Karamokos pour barrer le chemin à la monarchie, en vue de leur éviter la tyrannie d'un seul, et pour défendre leurs privilèges formèrent un conseil des anciens et exigèrent que Sory partage le pouvoir avec le fils de Karamoko Alpha.

Sa nomination en violation des clauses de la Constitution fut considérée par certains comme une usurpation pèsera lourdement sur le destin du Fouta jusqu'à l'occupation Française à la fin du 19e siècle. Le nouvel Almamy continua la lutte contre les infidèles. Il fut un chef de très grande envergure et combattit avec succès les animistes de l'est.

Pour relever le défi Peulh, les païens de la vallée du Niger se groupèrent derrière le chef Sankaran Sory Birama Condé et tentèrent une revanche. A Timbo, les adversaires de l'Almamy s'agitèrent, réclamant le départ de Sory Maoudho et l'installation à la tête du pays, de l'un des enfants de Karamoko Alpha décédé.

La violente réaction de Sory Maoudho radicalisa la position de ses adversaires et entraîna sa mise en accusation par le Grand Conseil et sa déposition. I1 fut remplacé en 1775 par le fils aîné de Karamoko Alpha, un jeune homme de 15 ans du nom de Alpha Saliou (3e Almamy). Ce fut le début de la division du Fouta en deux clans antagoniques: d'une part les partisans de la famille de Karamoko Alpha appelée Alphaya ou "Nouhoucibhés" de l'autre, les partisans de la famille de Almamy Sory Maoudho, les Soriya ou "Malikicibhés." Alpha Saliou, le nouvel Almamy se montra très faible, et très tolérant.

Vers 1783, Sory Birama en profita pour envahir le Fouta, et le jeune Almamy se réfugia à Bantignel dans le Timbi. Birama entra dans Timbo, incendia la mosquée et profana la tombe du défunt Karamoko Alpha dont le corps était encore intact. Il voulut le transférer, mais il en aurait été empêché selon les chroniques anciennes par un miraculeux mugissement de la montagne surplombant Timbo, et par un nuage d'oiseaux venus couvrir de leur ombre le corps sacré de l'Almamy bien aimé. Trois nouvelles tombes furent creusées. Dans l'une d'elles on enterra l'Almamy et dans les deux autres on enfouit deux gros morceaux de bois. Il semblerait qu'on ignore dans laquelle des tombes repose effectivement le souverain. Condé Birama resta deux mois sur le territoire de l'Almamy avant de rentrer dans son pays.

Indigné par l'humiliation infligée au Fouta par la fuite de son chef devant l'envahisseur, le Grand Conseil rappela Almamy Sory Maoudho au pouvoir.

Vers la fin de la même année, Condé Birama tenta une nouvelle invasion du Fouta. A la tête d'une armée de 40.000 hommes, l'Almamy parvint à vaincre et à tuer le souverain animiste à la bataille de Sira Gouré près de Fougoumba vers 1788-1789. C'est Mamadou Woulen, fils de l'Almamy Sory qui tua de ses mains le chef animiste et sa soeur Fanta, avant de mourir criblé de coups. Apprenant la mort de son chef, l'armée de Condé Birama s'enfuit en désordre et une bonne partie se noya dans la rivière Sira Gouré. Condé Birama fut enseveli à Bôwal Mansa Fouga ou "Mansâbé Fougâto", en un endroit toujours enveloppé d'une verdure rase et épaisse, près de Fougoumba.

Le Fouta se vengea en poussant ses troupes jusqu'au haut Niger et revint avec de nombreux prisonniers et un important lot de butins. Cependant, il ne réussit pas à changer ses limites vers l'Est.

Almamy Sory Maoudho guerroya avec énergie dans le Sankaran, au pays des Kourankos, au Ouassoulou, jusqu'au Bakoy (fleuve rouge). Il combattit au Bouré, alla au Badiar. Son règne dura 34 ans, il fut grièvement blessé au combat, en même temps que son ami et fidèle compagnon d'arme Modi Mamadou Dian fils de Alpha mo Labé (chef du dîwal de Labé). Celui-ci décéda à Timbo et l'Almamy Sory venu en visite de condoléances à Labé, tomba malade et y mourut vers 1791-1792. Sa tombe figure en bonne place à l'Est et non loin de la mosquée de Labé auprès de tant d'autres illustres tels que Alpha mo Labé et Thierno Aliou Bhoubha NDiyan. Son intransigeance religieuse lui valut un prestige considérable. Son remplacement à la tête du Fouta provoqua beaucoup de remous tant à Timbo que dans les provinces.

Au grand mécontentement de la branche Alphaya, il fut remplacé par son fils Sadou (4e Almamy). Une opposition généralisée se manifesta dans tout le pays. Le règne de Almamy Sadou (1792-1796) présenta une étonnante particularité. Il fut le seul à n'avoir entrepris aucune Jihad. Les chroniques anciennes du Fouta expliquent cette absence d'expédition militaire, par l'antagonisme qui opposait à l'époque les deux partis Alphaya et Soriya. Ce qui aurait empêché l'Almamy de quitter Timbo de crainte d'y voir éclater un coup d'état. Cet antagonisme était certes réel puisqu'un premier coup d'état échoua en 1794, et le second en 1796, se terminant par l'assassinat de l'Almamy Sadou. Celui-ci fut poignardé au dos par un de ses serviteurs corrompus qui lui coupa la tête et le bras droit qu'il porta à Alpha Saliou, Almamy Alfaya en résidence de sommeil à Dara. A la seule vue des atrocités, celui-ci s'évanouit. En dépit de l'insistance de ses partisans, il refusa le pouvoir, car il avait horreur du sang versé dans Timbo. Ce fut la première victime du bicéphalisme au Fouta Djallon.

Un des frères de Alpha Saliou, Abdoullaye Bademba (5e Almamy) autre fils de Karamoko Alpha revint au pouvoir. De son côté, le Parti Soriya choisit Abdoul Gadirou (6e Almamy) fils de Almamy Sory Maoudho. Très pieux, Almamy Abdoullaye Bademba élargit les conquêtes du Fouta et fît régner la justice et la paix. Il guerroya vers l'Ouest jusqu'à l'Océan Atlantique, conquit Araponka, le Soumbouya, et mena ses troupes jusqu'à Kambiya, atteignit le Solima, le NGabou, et le Bhoundou. Il s'arrêta dans la vallée de la Gambie. Durant son règne, il s'était entendu avec son homologue du Parti Soriya, sur le règne alternatif de deux ans. Ainsi tout Almamy devait abandonner le pouvoir au bout de deux ans au profit du Parti adverse. Ce départ entraînait ipso-facto celui de tous ceux qui avaient une parcelle de responsabilité. Bien que décidé d'un commun accord, ce principe ne sera pas respecté. Ce système d'alternance constituait certes, un frein à tout pouvoir dictatorial, mais aussi, un handicap à toute unité face à l'ennemi.

N'ayant jamais digéré le meurtre de l'Almamy Sadou, le Parti Soriya contre-attaqua. Une nuit, alors que l'Almamy Abdoullaye Bademba priait dans la mosquée de Fougoumba, le Parti Soriya encercla l'édifice. En fin de prière, l'Almamy sortit de la mosquée et tenta de s'échapper. Il fut rattrapé et assassiné à Kétiguiya, près d'un arbre "Tioukohi" en 1814. Il fut remplacé par Almamy Abdoul Gadirou, fils de Almamy Sory Maoudho.

Ensuite ce fut le tour de Almamy Boubacar Zikrou (7e Almamy) fils de Karamoko Alpha de prendre le commandement au nom du Parti Alphaya. Celui-ci, trahi huit (8) mois après, c'est Almamy Abdoul Gadirou qui revint à la tête de la Confédération. Après 13 ans de règne, il céda le trône à son frère Almamy Yaya (8e Almamy) qui supervisa les affaires du Fouta cinq (5) ans durant.

Après Almamy Yaya, l'Almamy Boubacar Maoudho dit Almamy Bacar (9e Almamy), fils de l'Almamy Abdoullaye Bademba vint au pouvoir. Il mena la lutte contre les Kourankos, lutta aussi avec les Almamy Soriya en résidence de sommeil. Il se brouilla avec le Labé et échappa de justesse à un complot à la mosquée de cette ville. Il dut la vie sauve aux doyens de Labé.

Pendant son règne, vers 1833, une éclipse de soleil eut lieu au Fouta, vers 10 heures. La lune et les étoiles brillèrent comme en pleine nuit. Cette éclipse fut suivie quelques temps après d'un tremblement de terre très ressenti dans tout le Fouta. Il y eut d'importants dégâts matériels et de nombreux morts. Une révolte éclata à la mosquée de Timbo. L'Almamy Bacar fut assassiné.

L'Almamy Oumarou (10e Almamy) fils de Almamy Abdoul Gadirou monta sur le trône du Fouta en 1842. Il arriva à un moment où les Almamy avaient moins de rayonnement personnel et religieux. Aussi, l'entretien d'une nombreuse suite coûtait cher au peuple. Celui-ci était ruiné par le payement des impôts sur les successions "Koummabités" et sur les moissons "farilla."

Progressivement le pouvoir central s'enlisa et le pouvoir provincial s'établit dans l'injustice et l'arbitraire. Cet état de chose plongea le pays dans des luttes intestines et l'anarchie. Abus de pouvoir et assassinats se multiplièrent partout.

Avant de terminer ce chapitre, il est important de mettre en exergue, deux événements très marquants. Le premier événement est la contribution très remarquable et très surprenante d'un certain Oussou, ancêtre des Wayloubhé Daloyanké (potiers) de Bôto Bôfel, hameau situé à proximité de Fougoumba. Très tôt, celui-ci aurait lié cause commune avec les marabouts préparant la guerre sainte, lui-même étant l'un des premiers venus à l'islam. C'était un homme de sciences, intègre, d'une intelligence extraordinaire. Chaque matin, il racontait textuellement à tous les marabouts réunis en conclave, les rêves faits la veille par chacun d'eux et en donnait l'explication exacte. Il construisit des hauts-fourneaux pour y extraire le fer nécessaire à la fabrication des flèches et lances qui servirent à Talansan et un peu partout durant la guerre sainte. Sur ses recommandations, ses épouses firent des canaris en vue de refroidir la fonte. D'une ingéniosité jusqu'alors inconnue, il donna des formes voulues et convenables aux divers morceaux de fer sortis des hauts-fourneaux.

Son intelligence surprenante et son ingéniosité inégalée firent forte impression sur les marabouts qui s'allièrent intimement contre lui. Un pacte fut convenu entre ces derniers qui en concert décidèrent d'interdire toute alliance, notamment tout rapport sexuel entre leurs enfants de tous sexes et ceux issus de la famille de Mama Oussou, de crainte que de l'union ne naissent les futurs chefs du Fouta Djallon.

Ainsi Mama Oussou fut accusé de tous les maux. La décision des marabouts, tendancieusement interprétée fit que jusqu'à présent sont exceptionnellement rares les mariages mixtes Peulh et Baillo Dâloyanké. Malgré les innombrables services rendus à l'Islam, Mama Oussou et sa famille se contentèrent à regret, de leur place de caste méprisée et accablée de toutes les calomnies.

Le deuxième événement se passa sous le règne de Almamy Oumarou (vers 1848). El Hadj Oumar Tall, grand marabout Toucouleur rêvant de grandeur et d'unité sous la bannière de l'Islam voulut établir son hégémonie de Calife de l'Islam pour toute l'Afrique Noire. Au Fouta Djallon, il s'établit d'abord à Satina dans le Labé et vint ensuite à Madina-Tokosséré, dans le dîwal de Timbi Madina, où de nos jours encore les sages continuent à entretenir sa case où se font toutes les cérémonies à caractère religieux. Un rônier qu'il y avait planté de ses mains propres surplombe à présent le village de Tokosséré.

Sur recommandations expresses des marabouts tels Thierno Sadou Dalin, Thierno Samba mo Mombéa, l'Almamy offrit Diégounko comme lieu d'asile à l'El Hadj. De là, El Hadj Oumar partira pour s'établir en 1848 à Dinguiraye point de départ de la conquête du grand empire dont il rêvait. Il disparut mystérieusement dans la grotte de Diégoumbéré dans les falaises de Bandiagara le 12 Février 1864. Ses partisans croient fermement en sa réapparition un jour dans toute sa gloire auprès du Mahadi. El Hadj Oumarou Tall joua un rôle très important dans l'accord sur l'alternance de deux ans à la tête du Fouta Djallon entre Almamy Oumarou et Sory Dara.[18]

Chapitre 7

La Révolte des Houbbous

Du fait de l'enlisement du pouvoir central et de l'établissement de l'injustice, des partis intégristes musulmans plus orthodoxes apparurent sous le nom de Houbbous.[19] Des pasteurs, las des pilleries infligées à leur bétail se révoltèrent et formèrent les états Peulhs dissidents dans le Baillo, à Ninguélandé dans le Timbi, à NDama dans le Labé, et à Gomba sur le flanc sud-ouest du Fouta Djallon.

La Dissidence du Bailo

Le premier et le plus célèbre parti dissident des frères musulmans, fut celui du Bailo, zone qui se situait entre Timbo, Dinguiraye, Dabola et Faranah. Il eut à sa tête Thierno Mamadou Diouhé de Laminaya, un fervent marabout de la famille NDouyédio originaire de Kompaya, dans le Labé. Thierno Mamadou Diouhé fit de brillantes études théologiques auprès du Cheikh Sidia de Podor.

Déçu du comportement des chefs du Fouta, il organisa et entretint un soulèvement de paysans et d'éleveurs, rejetant l'autorité des Almamy qu'il accusait de déviationnisme de la ligne islamique. Autour du grand marabout se rassemblèrent tous les mécontents du Fouta. A la tête d'une colonne d'insurgés, Thierno Mamadou Diouhé marcha sur Timbo vers 1849. Les Partis Soriya et Alphaya se réconcilièrent en la circonstance pour tenter de tenir tête à l'envahisseur. Almamy Oumarou du Parti Soriya (10e Almamy), et Almamy Ibrahima Sory Dara du Parti Alphaya (11e Almamy) se donnèrent la main et marchèrent à la rencontre des insurgés. Le choc avec les Houbbous eut lieu à Hérico, non loin de Timbo. Les armées Soriya et Alphaya furent dispersées, et les deux Almamy s'exilèrent. Almamy Oumarou se réfugia à Koyin, Sory Dara à Kébali, et les envahisseurs pillèrent Timbo. Ils épargnèrent femmes, enfants et vieillards, mais s'emparèrent du bétail et des récoltes.

A la mort de Thierno Mamadou Diouhé dans le Baïlo, son fils Karamoko Abal le remplaça. Exploitant la fuite des Almamy, Karamoko Abal invita les habitants des villages périphériques de Timbo à se joindre à lui pour former une province indépendante du Timbo. Devant leur refus, il incendia les mosquées.

Bademba et Amadou Oury Dara, frères de Almamy Ibrahima Dara, alors en expédition dans le NGabou, rentrèrent au Fouta. Les Houbbous leur barrèrent la route de Timbo à Nobé. Renforcés par les habitants de Nobé, les soldats fidèles aux Almamy battirent l'armée Houbbou à Kéry Leydi et à Lemounnère. Bademba les pourchassa jusqu'à Koumi où il les défit complètement avant de rentrer triomphalement à Timbo.

De retour, les Almamy dépêchèrent un groupe pour attaquer les partisans de Karamoko Abal. La troupe, interceptée à mi-chemin fut mise en déroute. Karamoko Abal se dirigea vers la région de Falba en Sierra Leone. Son armée, commandée par Sadou Bantama fut stoppée et disloquée. Son chef, condamné à mort sera précipité dans une rivière. Durant tout son trajet vers le lieu du supplice Sadou récitait à haute voix son bréviaire "le Dalâ Iloul Khayrat."

Cette guerre contre les Houbbous du Bailo qui n'avait ni l'approbation du Fouta ni l'aval de l'Assemblée

Fédérale, amoindrit considérablement le prestige, la popularité et l'influence de Almamy Oumarou. Pour sc réhabiliter, il s'engagea dans une autre expédition. Accompagné de ses fils Mamadou Paté et Bocar Biro, il prit le village de Kansala “Trouban” capitale du NGabou dont le chef Dianké Waly disparut tragiquement vers 1868.[20] Sur le chemin du retour, Almamy Oumarou mourut à Dombiadji d'une maladie chronique selon les Foutanké, ensorcelé par Dianké Waly selon les Kâbounké. Son frère Ibrahima Dongol Felah (12e Almamy) fils de Almamy Abdoul Gadirou et talibé des Karamokos de Bokéto le remplaça au Parti Soriya. Celui-ci refusa de s’engager auprès de son homologue Alphaya dans la lutte contre les Houbbous, prétextant qu’il était ancien élève de Thierno Mamadou Diouhé.

En 1881, Almamy Amadou Dara revint au trône du Fouta sous l’étiquette du Parti Alphaya.[21] Il engagea une marche sur Bokéto (capitale du Bailo) que Karamoko Abal avait évacué. A ses côtés progressait un groupe Soriya, commandé par Bocar Biro.

L’armée de Timbo fut attaquée dans le dos et complètement battue sur les bords du ruisseau Mongodi. De très braves guerriers y périrent parmi lesquels Modi Amadou Kaliyanké réputé invincible. Almamy Ibrahima Sory Dara abandonné par ses hommes refusa de fuir devant Karamoko Abal qui le trouva sur place. Un des hommes de Abal nommé Comba, le frappa d'un coup de sabre à l'avant bras droit, puis d'un second coup à l’épaule. L'Almamy ne bougea pas. Karamoko Abal revenu sur ses pas invita l'Almamy à le suivre dans son tata. L'Almamy répondit: “Je ne bouge pas d’ici, ni pour aller à Timbo, moins pour rentrer dans ton tata. A la fin du monde on me trouvera ici.” Karamoko Abal partit pour ne pas assister à la suite. Ses hommes revinrent pour achever l'Almamy à coups de bâton et de pierre. Sa tête fut exposée à la porte de Karamoko Abal.

Mamadou et Bappaté, tous deux fils de l'Almamy

venus à la rescousse de leur père agonisant furent massacrés sur le corps de l'Almamy. Ses frères Sadou et Aliou et 45 autres de ses guerriers subirent le même sort. Farba Bahi, fidèle compagnon de Almamy Sory Dara tendit son cou sur celui de l'Almamy pour que leur sang se mêla, et il fut décapité. Quand le bruit du meurtre de l'Almamy parvint à Timbo, l'Alphaya proclama Amadou, second fils de Almamy Bacar comme Almamy en 1872 (13e Almamy).

Après avoir vaincu les hommes de Timbo et décapité leur chef, les soldats de Karamoko Abal semèrent la terreur dans la région. Ils attaquèrent et pillèrent des hommes de l'Almamy Samory. Celui-ci envoya un contingent qui surprit les Houbbous et les mit en fuite à Konkoya. Les deux Almamy Soriya et Alphaya (Almamy Ibrahima Dongol Felah et Almamy Amadou) dépêchèrent une importante délégation auprès de Samory pour demander aide afin de détruire Karamoko Abal. L'Almamy Samory, sous estimant sans doute la capacité de résistance combative de Karamoko Abal, envoya un contingent léger dirigé par Kémoko Bilali. Les sofas (guérriers) tombèrent dans une embuscade et une grande partie des troupes dont le chef furent capturés.

L'Almamy Samory mit alors sur pied une armée de répression de 20.000 hommes qu'il plaça sous le commandement de ses meilleurs chefs de guerre Bankoroma Mamoudou et Mandé Mory. Ses armées marchèrent sur Bokéto qui se rendit après un long siège. Karamoko Abal déjouant la stratégie des assiégeants sortit de Bokéto, et se retira en brousse et se mit à égrener son chapelet. Les chefs des armées Samoryennes promirent beaucoup d'or à quiconque leur montrerait la cachette du marabout. Un certain Rahimi Noussi, talibé (élève) de Karamoko Abal montra où se cachait son maître. L'armée Samoryenne lui retira l'or, l'abattit avant d'assassiner Karamoko Abal. La tête de ce dernier fut coupée et envoyée à Sanankoro et sa main droite à Timbo. Les rescapés s'éparpillèrent, certains rentrant dans leurs provinces d'origine et d'autres s'exilant dans de nouvelles contrées pour perpétuer leur dissidence.

La Dissidence de Thierno Iliasa

Dans le dîwal de Timbi Madina, naquit vers 1856, un autre Parti des frères musulmans sous le direction de Thierno Iliassa de Ninguélandé. Nous rappelons que c'est à Ninguélandé qu'avait été édifiée la première mosquée du Fouta après Talansan, sous la présidence effective de Karamoko Alpha mo Timbo, dès son élection à Timbi Tounni et en présence des huit (8) autres marabouts. Marabout intégriste, Thierno Iliassa s'insurgea contre le chef de province de Timbi Madina, Mamadou Diouhé Soriya de Rédou Fello qu'il assassina.

Alpha Mamadou Diouhé, chef de Province Soriya, était le fils de Alpha Ibrahima Rédou Fello et 3e Chef de province de Timbi Madina, petit-fils de Alpha Diao Maoudho (1er Chef de province), l'un des enfants de Mama Maliki.

Thierno Iliassa fils de Bappa Alhassana, chef du village de Ninguélandé, avait pour grand père Bayéro Dialoyanké (2e Chef de province). Ce dernier étant aussi un des enfants de Mama Maliki. Selon le système prévalant alors au Fouta, tous deux pouvaient prétendre à la responsabilité du dîwal (Généalogies 10 et 11).

Il semble qu'un puissant animiste du nom de Boukary Tambarinya ayant envahi le Koyin vers 1817, sous le règne de Almamy Abdoul Gadirou soit la cause apparente de la dissidence. Il y avait brûlé de nombreuses mosquées et contraint plusieurs musulmans à abandonner leur foi. Il se proposait d'en faire autant dans le Fouta. Il façonna une chaîne en or qu'il offrirait à la plus belle femme du Fouta, et qu'il épousera à son avènement au trône du pays. Il remit la chaîne à certains de ses lieutenants avec mission d'aller à la recherche de la plus belle, à qui ils donneraient ce cadeau. Les voyageurs parvenus à Ninguélandé (dans la province de

Timbi Madina) offrirent la chaîne à Koultoumi Héra, alors épouse de Bappa Alhassana chef du village. Mission accomplie, les messagers retournèrent au bercail et rendirent compte à Boukary. Devant l'ampleur de la virulence de Boukary, les provinces de Labé et de Koyin se donnèrent la main pour abattre le tyran qui ne fera plus le voyage promis dans le Fouta.

A l'annonce de l'assassinat du tyran, un conseil de sages fut réuni à Ninguélandé pour statuer à qui pourrait revenir légalement la chaîne. Le conseil l'attribua à parts égales à Koultoumi Héra et à son époux Bappa Alhassana. Koultoumi enfanta Thierno Amadou Sara, et Kouloun (la seconde épouse) mit au monde Thierno Iliassa et Thierno Sinna.

Bappa Alhassana mourut avant le partage de l'héritage, laissant ses enfants à l'école coranique. Alpha Mamadou Diouhé qui était candidat pour la chefferie de la province s'empara de la chaîne, et l'offrit en cadeau à l'Almamy de Timbo. Il se fit couronner et rentra dans le Timbi.

Devenus grands, les enfants de Bappa Alhassana réclamèrent leur héritage. Alpha Mamadou Diouhé fit la sourde oreille et toutes les tentatives de rapprochement furent vaines. Informés de l'usage qu'on avait fait de leur or, les enfants de Bappa Alhassana s'insurgèrent contre le chef du dîwal.

Plus déterminé, Thierno Iliassa se détacha de ses frères, et constitua une armée de mécontents. Il installa son camp à Dâka Houbbou, près de Sarékali, sous-préfecture actuelle de Télimélé. Son influence grandit très vite et il déclara avoir reçu feu vert de "Hatifou" (le ciel), pour déclarer la guerre sainte à l'ordre établi dont les dignitaires corrompus avaient dévié des principes édictés par le Saint Coran.

Plusieurs fois le village de Timbi-Madina-Centre (chef lieu de la province) crut son attaque imminente, et chaque fois se vida de sa population. Toutes les démarches entreprises pour freiner l'élan du Thierno furent sans effet. Seul Bassamba Ismaila Pérédio réussit un moment, à le canaliser. Thierno Iliassa monta des embuscades auxquelles Alpha Mamadou Diouhé échappa par miracle. Un jour, alors que le chef revenait de Lambé Kâré où il était allé à la suite de son épouse, il fut dénoncé par un certain Yagouba. Thierno Iliassa marcha à sa rencontre. Les deux frères ennemis se croisèrent à Tiankoy, près de Kériwel (Koussi). Alpha Mamadou Diouhé était sans armes. Ses gris-gris (armes fétiches pouvant le rendre invulnérable) étaient dans un "sassa" sac en peau de mouton que portait Karamoko Dian Paté, vieux forgeron de Lambé Kâré. Thierno Iliassa attaqua le chef que ses partisans assassinèrent sur le champ. C'était vers 1858.

Thierno Ibrahima Gnali qui était venu pour raisonner son élève, tomba sous les coups des soldats fidèles à ce dernier. Affligé par la mort si cruelle de son maître de Gnali (celui qui avait veillé à son jeune âge d'orphelin), Thierno Iliassa marcha vers NDenda.

La riposte à ses cruautés ne se fit pas attendre. Alpha Diao Tokosso alors chef Alphaya de Madina l'attaqua et faillit l'assassiner à la bataille de Sougué Kourou. Gravement blessé, Thierno Iliassa échappa de justesse, rampa et se réfugia dans un buisson. Découvert par son épouse dans Bourouwal Sounkin, il fut ranimé et réussit à joindre ses troupes à Daka Houbbou. Remis des ses blessures, Thierno se tourna alors du côté de ses adversaires. Il fit assassiner 70 dignitaires de Timbi-Madina partisans de Alpha Diao Tokosso, à NDenda. Il se tourna alors du côté de Kinsi (dîwal du Labé), actuelle préfecture de Gaoual, où résidait un gros éleveur du nom de Dian Lali. Thierno Iliassa l'attaqua et parvint à l'assassiner.

En 1860, les chefs de Labé et de Timbi se liguèrent contre lui. Au premier choc des troupes dans le Kinsi, le dangereux marabout tua Modi Oumarou Béla chef du village de Hansanhéré, en plus de Modi Madjou et de son fils aîné. Un certain Modi Sounounou Diountou venu à la rescousse de Modi Oumarou Bela parvint à mettre fin aux jours du fanatique en lui fracassant la tête à coups de crosse de son fusil.

Ainsi finit Thierno Iliassa de Ninguélandé qui avait semé la terreur dans le Timbi et ses environs des années durant. Thierno Iliassa fut enseveli sous un amas de blocs à l'ombre d'un fromager dans le Kinsi-Kôté (Gaoual). Les chroniqueurs ont accrédité une légende incroyable sur sa fin tragique: il semble que les gris-gris du marabout revinrent d'eux-mêmes à Ninguélandé, un oiseau blanc sortit du cadavre et disparut dans les nues. Pour eux, c'était le signe annonciateur de la fin très prochaine du Fouta Théocratique. Les blocs de pierre du tata de Thierno Iliassa ont servi dans la reconstruction de la mosquée de Ninguélandé centre.

La Dissidence du NDama

Thierno Ibrahima, dit Waliou NDama (le savant de NDama) héros Africain peu connu, mérite une place d'honneur parmi les martyrs du colonialisme.[22] De la famille Kalidouyanké (Généalogie 16) de Koggui (Labé), il naquit à Himaya, ancien canton de Gadha Comba vers 1824. Il fit de brillantes études théologiques auprès de Karamoko Koutoubou de Touba, et dans sa famille maternelle chez Thierno Ibrahima de Gnali, dans Timbi-Madina. De 1869 à 1901, il dirigea le NDama, un état dissident (Houbbou) rival du Labé, dans le nord-ouest. Au départ, le NDama était une province vassale du dîwal de Labé, la loi et la tradition d'alors obligeant le NDama à reconnaître la suprématie de Labé. Cependant, très tôt, Thierno s'affranchit de cette tutelle et fit reconnaître sa souveraineté aux Almamy du Fouta.

Quatre ans après la naissance de Thierno Ibrahima (Waliou NDama), l'Imam Ibrahima Bobo mourut en 1828, et son fils aîné Thierno Diao le remplaça. Une nuit du jeudi au vendredi, celui-ci eut la révélation qu'on lui faisait un champ sur du sable. Il se tourna vers l'ouest et alla s'établir à Madjoumaou, près de Kouttan un gros village Badiaranké qui était la convoitise des souverains du Fouta. Il vint aux Badiarankés en ami. Il s'y établit quelques années avec ses enfants, Thierno Abdoul Gouddoussi (grand érudit) et Thierno Ibrahima dit Waliou NDama. A sa mort, ses enfants retournèrent à Himaya.[23]

Thierno Abdoul Gouddoussi prit la succession de son père. On dit qu'il avait la réputation de faire tomber la pluie en pleine saison sèche. En ces moments, le Fouta s'assignait comme mission l'islamisation des Bassaris, des Coniaguis, et des Badiarankés. Avec 300 hommes le Thierno partit pour la conquête du Badiar, s'empara de Marou que les populations désertèrent. Il revint au NDama et les populations en fuite revinrent à Marou et firent leur soumission. A la tête de 800 hommes, il défit les Mandingues du Pakiss, brûla Kankéléfa, saccagea Sounkoutou en 1866, et s'allia à Alpha Ibrahima père de Alpha Yaya et chef de Labé. Il se replia devant les troupes de Dianké Waly (1867). En 1868, avec Alpha Saliou Gadha Woundou, il tenta sans succès de razzier le NGabou. Il succomba à Kantara en 1869.

A la mort de Thierno Abdoul Gouddoussi, Thierno NDama se trouvait à Niani, entre Bassé et Kountaourou en Gambie. Rentré à Himaya, il rassembla ses partisans et leur proposa la reprise des activités.

Avec l'hostilité des Tandas, Thierno NDama quitta Himaya et se joignit à Alpha Ibrahima Chef de Labé qui fit appel à Bacar Demba chef Foulacounda du Foréya, à Molo du Firdou, et à Bacar Sidi du Bhoundou. Ils prirent le Badiar jusqu'à la Koulountou. Tous les villages furent mis à feu et à sang en 1878. Alpha Ibrahima retourna à Kadé et laissa le Badiar avec Thierno NDama qui y campa (six) 6 mois et revint s'établir à Boussoura au NDama.

Par la suite, Thierno NDama fut persécuté par les

Tandas qui lui enlevèrent de nombreux esclaves. Dans la lutte contre eux, il fit appel à Wora, au Kinsi, au Binani et aux Dara Bowés. Cette occasion fut donnée aux Peulhs vachers (Bowebhés et Kinsibhés) de peupler le Badiar (famille de El Hadj Bhalédio de Dhaybata). A la tête de sa troupe Thierno conquit le pays (1884-1891). Les Tandas fuirent en Gambie et en pays Coniaguis.[24]

Encouragé par Moussa Molo du Firdou, le Thierno s'allia aux autorités Françaises du Sénégal pour se soustraire complètement de la tutelle du Fouta Djallon. L'Administrateur Adam et les Commandants de Cercles du Satadougou, du Koussala et de Bakel vinrent à Boussoura en 1896 et suite à leur demande, Thierno NDama choisit d'appartenir à la Casamance. Un traité fut signé et deux ans durant, le Thierno paya ses impôts en bovins à Sédiou au Sénégal.

L'indépendance de Thierno NDama affecta très sérieusement Alpha Yaya.[25] Le 16 Février 1898, le Poste de Labé fut crée. Néanmoins, un missionnaire de la Casamance vint percevoir les impôts au NDama. La nouvelle rendit Alpha Yaya furieux. Les soldats de Thierno attaquèrent le Koly, fief du Kâdé (Labé), et Alpha Yaya considéra cet acte comme un affront. Il engagea l'administrateur de Touba pour la récupération du NDama.

Sur proposition de Alpha Yaya, le résident Noirot et l'administrateur de Touba, Mr. Bonnassier voulurent se rendre à Boussoura en vue de trouver une solution au conflit entre Alpha Yaya et Thierno NDama. Thierno NDama écrivit, selon certains à Mr. Noirot de ne pas venir avec Alpha Yaya et selon d'autres, à Alpha Yaya l'invitant à ne pas lui amener les "Oreilles rouges." Il désapprouvait complètement les relations amicales de Alpha Yaya avec les Français. Le Lieutenant Noirot laissant Alpha Yaya à proximité du village voulut parlementer avec Thierno NDama, avec le but de lui faire accepter le commandement de la chefferie de Labé. Des échauffourées sanglantes se produisirent entre les troupes Françaises, et les soldats du NDama commandés par Modi Alimou, le 10 Mai 1899. Les talibés mirent en déroute les agresseurs, et Noirot dans sa retraite faillit y perdre la vie. L'expression "Kouré Niaki" ou balles d'abeilles, dépeint exactement l'âpreté de cet engagement. En battant en retraite les miliciens, sous les ordres de Noirot abandonnèrent les charges du convoi. Le Sergent Mamadou Kouranko et trois soldats furent pris et exécutés. Alpha Yaya battit en retraite et rejoignit Kadé où résidait le Commandant de Cercle Désire Brière. La défaite fut pénible pour les Français qui avaient fermement promis le rattachement du NDama au Labé.[26]

De guerre lasse, Thierno se retira dans le village de Himaya, où il s'était fixé comme objectif, la réorganisation économique et religieuse du territoire. L'administration Française vint le surprendre et l'arrêta avec ses fils Thierno Diao et Modi Alimou, ainsi que son cousin Modi Sory Himaya, le 8 Mai 1901. Les prisonniers furent conduits sur Kâdé, puis Conakry. A Kâdé, Thierno jeta ce défit à Alpha Yaya "tu m'as trahi, les Blancs m'ont arrêté, tu subiras le même sort." A Conakry, on embarqua les prisonniers pour la déportation au Gabon en 1902. Thierno NDama devait y mourir la même année, ses compagnons de misère ne reviendrons au pays qu'en 1905. Thierno NDama eut une quarantaine d'enfants dont 17 filles. Il repose au cimetière de Louango à 25 km de Pointe Noire en République du Congo, où l'auteur de ce livre découvrit la tombe enchaînée du défunt (voir le compte rendu en annexe).

La Dissidence de Gomba

Sur le flanc sud-ouest du Fouta, se forma un autre centre de dissidence à Gomba, crée par un mystique qui était appuyé par des pasteurs mécontents, originaires du Fouta-Central et des Bowés occidentaux. Son fondateur Thierno Aliou dit Waliou de Gomba (le saint, le savant) naquit vers

1829 à Mombéa dans le dîwal des Kolladhé-Kankalabé. Après ses premières études coraniques à Mombéa ensuite à Fougoumba et Timbo, il alla poursuivre ses études théologiques au Sahel et en Mauritanie. Revenu au Fouta, il se mêla aux dissidents (Houbbous) du Bailo qui contestaient la suprématie des Almamy. Rescapé de Bokéto en 1873, il vint s'établir dans le village de Niara, aux environs de Kindia. Là, il eut de solides relations avec les chefs Soussous, et il lia aussi amitié avec les Français de Conakry en 1885. Son influence grandit très vite et il jouit de l'admiration et l'estime de toute la population alentour.[27] En 1887, il fonda la Zaouïa (école coranique) de Gomba qu'il baptisa du nom de Macina. Gomba devint ainsi un véritable centre de pèlerinage et atteignit son apogée vers l'an 1892.

La splendeur de l'état dissident provoqua la jalousie des Almamy qui ne vont rien ménager pour perturber la quiétude du jeune état. Le 19 Avril 1894, le Waliou signa un traité qui plaça le Gomba sous protectorat Français. Tout alla bien entre Gomba et les Français jusqu'à l'assassinat de Mr. Bastié,[28] Commandant de Pita (surnommé commandant Koukourou), sur la rivière Kora, dans le Maci, en Mars 1909. L'enquête dénonça Thierno Amadou Tidiani de Diafouna, un disciple de Thierno Aliou. Celui-ci fut condamné à mort et exécuté à Conakry.

L'incident du Kôrâ plaça le marabout dans une situation peu confortable. Ses adversaires en profitèrent pour répandre autour de lui une atmosphère tendancieuse. Victime de toutes sortes de tracasseries, le Waliou fut obligé de prendre des précautions pour se défendre. En 1910 il est invité à Kindia pour rencontrer le Gouverneur Général de l'Afrique Occidentale Française (A.O.F.). Tirant leçon de ce qui était arrivé à Alpha Yaya récemment rentré d'une déportation au Dahomey (actuel Bénin), il déclina l'invitation sous prétexte qu'il était très fatigué (80 ans). Il prit toutes les précautions, car, plutôt mourir que d'accepter la déchéance et la servitude.

Les Français l'accusèrent de fomenter une insurrection pour les chasser du pays. Le 20 Mars 1911, une compagnie de tirailleurs arriva directement à la mosquée de Gomba. Elle était commandée par le capitaine Talay et le Lieutenant Bornant. Une rude bataille s'en suivit et les deux officiers plus 14 tirailleurs furent anéantis par les talibés. Une colonne de répression fut envoyée à Gomba le 29 Avril 1911. Elle incendia la Missidé de Comba et les villages environnants. Elle bombarda tous les rassemblements hostiles, et captura d'importants troupeaux de boeufs. Le Waliou et certains de ses hommes s'exilèrent en Sierra Leone, d'où plus tard ils seront extradés. Thierno Aliou jugé et condamné à mort, mourut d'épuisement dans une cellule de Fotoba, aux îles de Loos le 3 Avril 1912 à l'âge de 82 ans, avant l'exécution de la sentence. Modi NDioubairou, le second condamné à mort sera exécuté publiquement le 9 Mai, après avoir reconnu avoir abattu le capitaine pour se défendre.[29]

La Dissidence du Kébou

Le Kébou (dans l'actuel Telimélé) fut un important territoire vassal de Timbi Madina. Ce fut un secteur où s'exerçait indirectement l'autorité de la branche Bhé Mama Moussa, de la famille Dialoyanké de Madina Tokosséré. Sur place, le commandement relevait de la famille Yillabhé dont l'aïeul Mama Dian Samba était originaire de Toulé dans le Labé. Ce pouvoir s'exerçait tour à tour par les Yillabhé de Malal Condo et ceux de Mawba Assanâ.

Sous le commandement de Alpha Saliou Galan du Parti Soriya, Mawba Assanâ exerça le pouvoir 13 ans durant d'un seul tenant. Ce qui provoqua un grand mécontentement chez ceux de Malal Condo. Au terme du mandat de Alpha Saliou Galan, un changement fut envisagé à la tête de Kébou.

Les dignitaires de la province décidèrent de la nomination d'un chef, cette fois originaire de Malal Condo, au lieu de Alpha Oury Diallo de Mawba Assanâ. Ce dernier contesta et se réfugia après du chef de province de Timbi Tounni, Thierno Madjou Tokosso et envisagea la sécession du Kébou et son placement sous la tutelle de Thierno mo Timbi. Thierno Madjou le couronna en dépit des réticences des doyens NDiobboyanké et NDouyébhé du dîwal de Timbi Tounni. Son couronnement à Timbi Tounni fut salué par une salve de 500 coups de fusils, salve entendue à Timbi Madina.

La prompte réaction de Madina fut stoppée par la sagesse de son vieux chef qui évita ainsi aux deux Timbis les méfaits d'une guerre. Il proposa de les faire supporter par le Kébou provocateur. Partout les préparatifs de guerre s'accélérèrent à grande échelle. Une première escarmouche entre les deux Timbis eut lieu à Yôlé, sur la rivière Koubi, en face de Ley Tolin. Elle aboutit à l'arrestation par les troupes de Madina, de Modi Bela mo Djindji qui commandait les soldats de Timbi Tounni. Une seconde, puis une troisième escarmouche eurent lieu à Bankin près de Safa (Timbi Madina), entre cultivateurs et éleveurs, suivies de l'assassinat de Modi Lamine Safa, et celui de Sadio Mara de Timbi Tounni. Les intentions de guerre se précisèrent, plus pressantes en direction du Kébou. Les hommes mobilisés de Timbi Madina stationnèrent à Bolongo près de Sarékaly, et ceux de Timbi Tounni à Gando près de Balaya. Alpha Oury Diallo, de son côté fit appel aux troupes de Labaya, sous la direction de Manga Morou père de Fôté Daouda de Tondon.

La première manifestation des belligérants fut une salve de coups de feu partie de la source où s'abreuvaient les hommes de Thierno Madjou. Thierno Oumarou Sylla, frère de Thierno Madjou fut blessé au bras, par les hommes de Modi Tanou Pallé du Parti Alphaya de Timbi Madina. Dans les heures qui suivirent, les antagonistes s'accrochèrent à Balaya (1883). La lutte fut âpre et un guet-apens monté par la fraction de Madina Tokosséré eut raison des hommes de Timbi Tounni et de leurs alliés qui battirent en retraite. Thierno Madjou fut abattu et sa tête portée à Alpha Ishaga de

Madina. Celui-ci très affligé fit enterrer les restes mortels de celui qui fut son meilleur ami d'enfance, sous un amas de pierre. Selon certains, la tête de Thierno Madjou fut ensevelie avec le reste du corps, selon d'autres, elle repose près de la mosquée de Madina-Centre.

Les rescapés de Balaya se dispersèrent, les uns en direction de Timbi Tounni pour annoncer la mauvaise nouvelle et envisager la revanche, les autres en direction de Labaya avec Alpha Oury Diallo et Manga Morou. La victoire de Alpha Ishaga fut saluée par une salve de 200 coups de fusils. Alors, le chef vainqueur retourna dans son NDenda, conscient des difficultés à venir.

La riposte de Timbi Tounni ne se fit pas attendre. D'un côté Alpha Oury Diallo et les hommes de Labaya et de l'autre Timbi Tounni auquel se joignirent les hommes armés par Bambaya, Consotami, et Nampougou lancèrent tous les bras valides en direction de Kébou. Les dignitaires de Malal Condo, dont Alpha Alsaïni Dion Kébou, Alpha Mamadou Sanoussi, Alpha Mamadou Lary, et Alpha Alimou Tounou se réfugièrent auprès du chef de Madina à NDenda. Alpha Doulla Bobo, père de Alpha Ibrahima Kola qui refusa de fuir devant ses frères ennemis fut assassiné, et le jeune Alpha Ibrahima blessé au bras.

Enhardies par la haine et la soif de vengeance, les troupes insurgées traversèrent la Fatala, mirent le Kébou à feu et à sang. Elles marchèrent en direction de Télico qu'elles entendaient saccager et anéantir, brûlant et tuant tout sur leur passage. Les rescapés de Balaya semèrent partout la terreur et la désolation. Plusieurs Vendredis durant, les mosquées du Kébou ne reçurent aucun pratiquant. Les insurgés furent stoppés par les hommes armés de Linguewi, Télico, Lambé Karé, Sarékaly et Sogoroya, près de Bolongo.

Avec l'intervention de l'Almamy Amadou Dara prit fin la campagne du Kébou qui provoqua la plus grande émigration des Peulhs depuis leur arrivée au Fouta Djallon. A la suite d'une plainte formulée par Thierno Amadou Sara, père de Thierno Madjou, un tribunal fédéral présidé par Alpha Mamadou alors chef des Kolladhé-Kankalabé et comprenant entre autres les chefs des dîwés de Kébali, Koyin, Bomboli, Maci, Bantignel, et Broual Tappé fut requis pour statuer sur le différend.

Dans le fond, Madina qui assumait officiellement la tutelle du Kébou eut raison. Aussi dans le souci de maintenir en place les populations apeurées, Alpha Oury Diallo fut maintenu à la tête de l'entité, et de ce fait le Kébou devenait province indépendante de Timbi Madina, portant ainsi à sept les nouvelles provinces issues du grand Timbi.

Les populations du Kébou en majorité constituées d'éleveurs abandonnèrent le pays, poussant devant elles leurs importants cheptels. De nos jours encore, ces pasteurs en constante transhumance se rencontrent partout dans l'extrême Ouest Africain, notamment en Basse Guinée, à Gaoual, Koundara, en Guinée-Bissau, en Casamance et en Sierra Leone. Ils répondent aux noms de Foulbhés Bôwé, Kinsîbhé ou Kéboubhé.

Chapitre 8

Convoitise du Fouta Djallon par les Européens

A la mort de l'Almamy Ibrahima Dongol Féla en 1889, la succession au Parti Soriya devint très difficile, le nouvel Almamy devant être choisi parmi les enfants de son frère Almamy Oumarou. Les chefs de provinces présents à Timbo et les sages de la capitale réunirent les enfants de ce dernier dont Modi Mamadou Paté l'aîné, Boubacar Biro (communément appelé Bocar Biro), et Abdoullaye. Le premier et le troisième étant de même mère et le second issu d'une autre épouse de l'Almamy du nom de Diariou. Les dignitaires demandèrent aux enfants de s'entendre pour désigner entre eux le futur Almamy tout en faisant prévaloir le droit d'aînesse qui indexait d'office Modi Mamadou Paté. Celui-ci avait la préférence du Grand Conseil, surtout des chefs des provinces jaloux de leurs prérogatives diminuées ces dernières années par l'Almamy Ibrahima Dongol Féla. Alpha Yaya chef du grand dîwal du Labé promit ouvertement son appui à Mamadou Paté.

Boubacar Biro,[30] très énergique et très brave, craint par le Grand Conseil et par nombreux chefs de province, revendiqua aussi le pouvoir. Tout fut fait pour l'en dissuader, mais en vain. Il contourna même les observations de sa mère qui craignait que son frère aîné ne le tua. Pourtant, il jouissait de la grande estime de toute la jeunesse qui exigeait un chef jeune de sa trempe, pour les conduire toujours à la victoire. Tout le Fouta avait salué la bravoure de Bocar Biro dans les combats qu'il avait jadis menés aux cotés de son défunt père.

Mais le Grand Conseil persista et désigna Mamadou Paté pour succéder à Almamy Dongol Fêla. Il fut conduit en cachette pour le choix final à Bhouriya. On rapporta la nouvelle à Bocar Biro qui quitta précipitamment son village Bilallya et devança son frère à Bhouriya. Les anciens, acquis à la cause de Mamadou Paté craignant d'être témoins d'un choc terrible pousseront Bocar Biro à continuer sur Fougoumba, où selon eux était déjà parvenu son frère. Très courroucé, Boubacar Biro continua sa marche en compagnie de nombreux partisans réputés invincibles. Entre Porédaka et Bhouriya, il rencontra Alpha Ibrahima Fougoumba gardien de la constitution, répondant au rendez-vous de Bhouriya.

Impressionné par l'allure martiale du candidat à la magistrature suprême du Fouta, Alpha Ibrahima déclara qu'il venait expressément à sa rencontre. Bocar Biro le somma de retourner immédiatement sur ses pas pour procéder à son couronnement. Le chef de Fougoumba accepta sans objection. Le cortège arriva en ville sainte à la tombée de la nuit. Bocar Biro et ses principaux conseillers firent leur entrée dans la ville, aux sons saccadés de la tabala, alors que les soldats campaient autour de la ville, surveillant les moindres mouvements.

Le sacre de Boubacar Biro eut lieu le lendemain en l'absence de la quasi-totalité des grands dignitaires du Fouta. Il entra dans sa retraite rituelle à la case de Fougoumba. Au même moment à Bhouriya, ceux qui étaient avec Modi Mamadou Paté couronnèrent ce dernier en violation flagrante de la Constitution du Fouta. Pour la première fois dans son histoire le Fouta eut à la fois trois Almamy: un du Parti Alphaya, Almamy Amadou Dara, et deux du Parti Soriya, Almamy Bocar Biro (14e Almamy) et Alpha Mamadou Paté. Après son couronnement à Bhouriya, Alpha Mamadou Paté se hâta de rentrer à Timbo. Il monta avec ses partisans une embuscade pour attenter à la vie de son frère rival à l'entrée de la ville, à Pitahoy Tabaldé.

Son séjour de retraite rituelle achevé, Bocar Biro prit le chemin de retour pour sa capitale. Informé de ce qui l'attendait, il contourna l'embuscade de Pitahoy Tabaldé et entra dans Timbo par la route de Dara.

Dans la ville de Timbo, il y eut un combat terrible, d'un côté les hommes de Bocar Biro, et de l'autre ceux de Alpha Mamadou Paté conduits par Modi Sori Yilili, farouche partisan du dernier. Alpha Mamadou Paté prit la fuite face à l'avancée terrible des soldats de son frère cadet. Pourchassé, traqué de toutes parts, il se réfugia sous la véranda d'une hutte des champs. Rattrapé, il fut abattu d'un coup de fusil tiré par Bocar Biro lui-même. Les hommes de ce dernier l'achevèrent à coups de sabre et de bâtons.

L'Almamy Bocar Biro s'assit et pleura, très conscient de ce qui désormais allait advenir du Fouta. L'Almamy Alphaya Amadou Dara rentra dans sa résidence de sommeil à Dara. Bien que bouleversé par l'assassinat de Alpha Mamadou Paté, le Fouta se soumit superficiellement à Bocar Biro. A présent, l'Almamy dut se battre sur deux fronts. D'un côté il dut affronter l'hostilité de ses autres frères, et de l'autre, en découdre avec les Européens installés sur tous les flancs du Fouta.

Les Portugais étaient déjà en Guinée Bissau, les Anglais en Gambie et en Sierra Leone. Les Français eux étaient au Sénégal, au Soudan, et dans les “Rivières du Sud”. A l'est, à la périphérie du Fouta, les Français menaient un accrochage terrible avec l'Almamy Samory Touré. De 1890 à 1895, Bocar Biro chercha à consolider son pouvoir pour faire face aux Français qui se faisaient très menaçants, doutant des rapports avec le nouveau chef du Fouta qui ne leur inspirait pas confiance.

Samory et Bocar Biro, liés par le sort, tentèrent de consolider leurs rapports (prêt de soldats, échange d'esclaves contre bovins en vue de se procurer des armes). Cette politique Samoryenne cristallisa les oppositions intérieures et l'hostilité des Européens contre Bocar Biro. Le Fouta se scinda en deux clans antagoniques; d'un côté, les partisans de Samory avec Bocar Biro et de l'autre les partisans des Français avec Modi Abdoullaye Dhôkiré frère de même mère que Alpha Mamadou Paté assassiné. L'attitude autoritaire et centralisatrice de Bocar Biro incita le grand Conseil et nombreux chefs de provinces à se regrouper autour de Modi Abdoullaye. Bocar Biro menaça la vie de ce dernier qui alla se réfugier auprès de l'Almamy Amadou Dara, alors de retour au trône.

En ce moment entre en scène le bouillant commandant Français De Beckman[31] qui arriva pour la deuxième fois au Fouta en Décembre 1895 et apporta son soutien à Modi Abdoullaye. Un grave incident de politique locale dans le dîwal de Fougoumba accéléra la formation d'une coalition qui devait aboutir à la première défaite de Bocar Biro.

En effet, Alpha Ibrahima Fougoumba dépossédé de ses territoires de Kâla et Dalaba, réunit autour de lui Modi Abdoullaye et tous les mécontents de la politique centralisatrice de Bocar Biro, dont Alpha Yaya chef de Labé, Alpha Mamadou chef de Kankalabé, Sory Yilili et Oumarou Bademba (ces deux derniers étant respectivement des Partis Sorya et Alphaya de Timbo). Oumarou Bademba était candidat pour le remplacement au Parti Alphaya de l'Almamy Amadou Dara, décédé le 13 Avril 1895. Après de longs débats, il fut décidé de tout mettre en oeuvre pour détrôner Bocar Biro et le faire remplacer par son frère Abdoullaye Dhôkîré.

Pour ce faire, on poussa Bocar Biro à entreprendre une expédition contre Moussa Molo alors Roi du Firdou en Casamance, qui encourageait et favorisait l'indépendance du NDama vis à vis de Labé et de Timbo. L'Almamy partit donc pour le Firdou via Fougoumba, Kébali, Bantignel, ensuite Labé. Modi Abdoullaye et ses partisans tentèrent avec la complicité du chef de Labé et de Alpha Ibrahima Fougoumba, de surprendre Bocar Biro et de l'assassiner, le 13 Décembre 1895, près du village de Bantignel-Tokosséré à Tchimmé Léro-Gadha Guétoya. Une rude bataille eut lieu près du village de Bantignel Maoundé. En voici la version telle qu'elle fut donnée à Monsieur Guébard, par un certain Modi Saidou, fidèle serviteur de l'Almamy et témoin oculaire.

Sûr du soutien des grands dignitaires, Bocar Biro et son cortège s'ébranla de Fougoumba pour Daralabé où habituellement se regroupaient les soldats du Fouta pour toute expédition vers le nord, c'était Mercredi le 11 Décembre 1895. Après une nuit passée à Kébali, il rentra le lendemain dans Bantignel Maoundé via Mélikansa et Horé Koumbén.

Deux événements insolites avertirent l'Almamy que quelque chose se tramait contre lui: la rencontre à Bantignel de Alpha Yaya mo Labé et la diminution très sensible du nombre des accompagnateurs. L'Almamy comprendra plus tard que répondant à la convocation de Alpha Ibrahima Fougoumba, les chefs du Fouta tout entier s'étaient donnés rendez-vous à la ville sainte pour couronner son frère rival Modi Abdoullaye Dhôkîré.

C'est le vendredi matin 13 Décembre 1895 que Bocar Biro fut averti de la convergence de tous ses ennemis vers Bantignel. Les habitants du village supplièrent l'Almamy de s'enfuir, mais il n'était pas dans son caractère de renoncer, malgré la défection de tous les grands du Fouta. Il voulut attendre ses ennemis dans le village mais les habitants prétextant le risque de voir beaucoup d'innocents tués, l'invitèrent à s'embusquer dans le cimetière situé à l'entrée du village d'où il pourrait observer les alentours, et où il ne serait pas difficile de porter les morts et de les enterrer.

Bocar Biro accepta de sortir du village mais refusa de gagner Timbo pour être en sécurité: "Je veux rester ici pour montrer aux gens du Fouta ce que c'est qu'un chef."

Mamadou Saidou se mit à pleurer et l'Almamy lui dit: “Tu pleures ! Si tu as peur tu peux te retirer.” Saidou répondît: “Non, je n’ai pas peur, c’est pour toi que je pleure parce que tu es brave et nous sommes si peu nombreux.” “Ils ne me connaissent pas encore” rétorqua l'Almamy “Mon nom à lui seul vaut toute leur armée.” Alors Saidou l'invita à monter sur son cheval Morikébé. “Il est fort et tu pourras te défendre contre les ennemis.” “Non, je prendrai Bouroungo” répondit L'Almamy. Il désignait ainsi un petit cheval qui n’était pas de taille pour un guerrier comme Bocar Biro.

Soudain on entendit le son de la Tabala du côté de Mirîré, à la limite de Kébali. Les hommes de la petite troupe assis près du cimetière ne pouvaient voir l’horizon que leur cachait un pli du terrain. Un guetteur de Bantignel signala l’approche des ennemis. Saïdou gravit le monticule et vit une multitude de fusils et de sabres miroitant si fort au soleil qu’il en fut ébloui. Quand il revint vers l'Almamy, il lui recommanda de monter Morikébé car “l'affaire serait chaude.” L'Almamy se fâcha et lui ordonna de se taire. Monté sur le petit cheval qu’il avait choisi, Bocar Biro gravit au pas la légère colline avec ses hommes.

Dès que ses ennemis l’aperçurent, ils s'enfuirent. “Tu vois” dit l'Almamy, “Oui, dit Saidou, mais ils reviendront et tu périras car ils sont trop nombreux.” En effet l’ennemi revint. L'Almamy Bocar Biro resta à la même place et des coups de fusils partirent de toutes parts, comme le tonnerre. La bataille était inégale. Ils étaient à peine vingt autour de Bocar Biro pour résister à tout le Fouta.

On commença à compter les morts. Bayéro mo Alpha Oury Saman, notable très influent de la famille des Irlâbhé tomba le premier. Son père servait dans les rangs adverses, et lui jeune homme à la dévotion de l'Almamy avait refusé de l'abandonner. Le voyant tomber, Bocar Biro poussa un grand cri et chargea les ennemis avec son sabre, en tuant un grand nombre et mit les autres en fuite car dès que son nom était prononcé les plus redoutables guerriers se sauvaient.

L'Almamy blessé revint et changea de cheval, choisissant Morikébé et chargea de nouveau, et les fusils se mirent à crépiter. L'Almamy fendit les rangs des ennemis. On entendait sa voix gronder au loin parmi la foule des guerriers.

La bataille cessa. Tout le monde prétendait avoir tué l'Almamy, mais aucun ne pouvait montrer son cadavre. Il avait essuyé tant de coups, que tout le monde pensait qu'il avait dû aller mourir dans un buisson et chacun se félicitait croyant le Fouta délivré. Mamadou Saidou qui a raconté ces événements fut fait prisonnier. L'armée victorieuse se rassembla à Daralabé et les Tabalas frappèrent toute la nuit pour annoncer la victoire de Modi Abdoullaye Dhokhîré sur Bocar Biro, ce Vendredi 13 Décembre 1895.

L'Almamy échappa de justesse, prit la direction de Labé, traversa la rivière Douka, longea la Sâla, traversa la province de Timbi-Madina et se retira dans la nouvelle province de Kébou. Là, l'Almamy fut reçu à Ley Soutou entre Séraya, Kassery, et Horé Kobilé par Alpha Oumarou Paté, chef de Monoma qui faisait dire à Abdoullaye Dkokîré que Bocar Biro était dans sa province. Il s'établit à Kinfaya et inaugura la mosquée de Kounsi Gnâki. Bocar Biro écrivit lui-même à l'Almamy Alphaya qu'il était bel et bien vivant.

Il constitua avec le Kébou et les Timbi une armée qui, moins de trois mois plus tard le ramena à Timbo. L'armée de Timbi évoluait sous le commandement de Thierno Amadou Kîdîré.

L'armée ramenant Bocar Biro rencontra les troupes coalisées de ses ennemis le 2 Février 1896, à Petel Djiga (rocher aux charognards), non loin de Soumbalaco. Ces troupes etaient dirigées par Modi Abdoullaye Dhokîré, Alpha Yaya de Labé, Alpha Mamadou Kankalabé, et Alpha Ibrahima Fougoumba. Boubacar Biro les mit en déroute.

Modi Abdoullaye en fuite fut arrêté à Bendougou, dans le Télico (Mamou), le 8 Février 1896. Gracié par son frère, il sera assassiné par trahison le 14 Mars de la même année. Bocar Biro triomphant, rentra dans Timbo apeuré et se réinstalla dans sa capitale. Il reprit le pouvoir dans un Fouta troublé par la guerre civile. Sa politique centralisatrice et autoritaire galvanisa l'opposition de presque tous les chefs de provinces. Le meurtre très récent de son frère Abdoullaye lui aliéna une bonne partie de l'opinion. Alors, se constitua contre lui, une coalition dont les pivots furent Alpha Yaya et Alpha Ibrahima Fougoumba, tous deux réfugiés dans le Labé et tirant les ficelles dans l'ombre.

Modi Sory Yilili avec l'accord des adversaires de l'Almamy alla à Siguiri pour demander le concours des Français en vue d'obtenir des troupes pour abattre, selon ses expressions, l'ennemi commun à la France et au Fouta qu'était Bocar Biro. A Siguiri, il resta trois mois et revint avec le Lieutenant Spiess.[32]

Sûr de ses forces et de ses alliances avec les colonialistes qui lui proposaient d'entrer dans un jeu dont le but était d'affaiblir les Almamy de Timbo, Alpha Yaya se tourna contre les Almamy ses alliés d'hier.[33] Il prit la tête d'une coalition contre ces derniers et se rapprocha des Français. Modi Oumarou Bademba, du Parti Alphaya, envoya son fils aîné Alpha Mamadou Béla Nounkolo à Dubréka, et à Conakry pour demander l'appui des Français pour sa nomination à la tête du Fouta. En contrepartie, il promit plus d'intimité dans leurs rapports.

Chapitre 9

Colonisation et Dislocation du Fouta Théocratique

Après la traite des esclaves qui dura trois à quatre siècles sur la partie côtière de la Guinée, commença la pénétration étrangère vers l'intérieur du pays pour occuper les terres, mettre mains sur les richesses, et soumettre sur place les populations autochtones. Dans les premières années du 19e siècle, des Français et Anglais installèrent des factoreries au Rio Nunez, au Rio Pongo, et à la Mellakoré. Ils cherchèrent à nouer des relations avec le Fouta Djallon, dans le but d'obtenir quelques avantages commerciaux.

Des explorateurs déguisés en Arabes parcoururent le pays et eurent même parfois à diriger des prières communes dans les mosquées où ils étaient reçus avec les honneurs dus à des membres de la famille de l'envoyé de Dieu, le prophète Mohamed. Ce fut ainsi que vers 1818, Monsieur Mollien, (homme d'état Français) traversa le Timbi, se fit recevoir dans le village de Korsé (actuel District de Kourou, sous-préfecture de Timbi Madina, Pita) où il baptisa un enfant connu sous le nom de Molet Korsé. Réné Caillé, intrépide et courageux explorateur ambitionnant de visiter la ville mystérieuse de Tombouctou jusqu'alors inconnue des Européens, apprit l'arabe et étudia le Saint Coran. Il se déguisa en arabe d'Egypte et partit pour la grande aventure. Parti de Boké (Kakandi) le 19 Avril 1827, il traversa le Fouta

Djallon, passant par Telimélé, Mamou, Timbo, Kouroussa, Kankan, et atteignit Tombouctou, le 20 Avril 1828. De là, il traversa le Sahara et rejoignit la France.

Au fil du temps, les événements s'accélèrent. En 1850 Monsieur Hecquart, un Français fut envoyé en mission auprès des dignitaires du Fouta. En 1860 Monsieur Lambert rencontra l'Almamy Ibrahima Sory Dara à Porédaka, mais il n'en tira aucun accord. En 1881, une colonne militaire Anglaise tenta d'intimider le Fouta et obtint de l'Almamy Amadou Dara la signature d'un traité de Paix et de commerce. La Mission Bayol et Noirot arriva à Timbo la même année. Les Almamy Soriya et Alphaya hésitèrent de traiter avec la Mission. Néanmoins, elle obtint d'eux la signature d'un traité d'alliance, vite renié par les dignitaires du Fouta. Les accords passés avec les Français et les Anglais en 1881, n'avaient aucune valeur aux yeux des Almamy. Ils les avaient signés rien que pour se débarrasser des envoyés.

Aimé Olivier De Sanderval, aventurier et habile négociateur entra à son tour dans la danse et se mêla intimement à la conquête du Fouta.[34] En 1877, il explora le Kassine dans Boké et signa un protocole de commerce avec les Nalous. Traversant le Fouta Djallon le 2 Juin 1880, il arriva à Timbo et négocia l'autorisation d'ouvrir une ligne de chemin de fer à travers le Fouta. Les Almamy lui affectèrent une bande de terre d'une largeur de 20 km sur toute la longueur de la ligne envisagée.

De Sanderval retourna en France et revint en 1888. L'Almamy Ibrahima Dongol Féla l'admit "Citoyen du Pays". Il se fixa à Dongol Touma dans le dîwal de Timbi Tounni, envisagea de créer le royaume de Kahel en plein Fouta et promit de frapper une monnaie avec son effigie.

En 1891, le Gouverneur Ballay envoya au Fouta la mission De Beckman, soit disant pour rétablir l'ordre après l'assassinat de Alpha Mamadou Paté. Le 14 Décembre de la même année, De Beckman réussit à faire signer aux Almamy Amadou Dara et Bocar Biro un traité d'amitié et de commerce. A peine signèrent-ils que les Almamy renièrent leurs engagements.

N'ayant pas réussi à placer le Fouta sous la responsabilité de la France par la douceur, De Beckman décida d'imposer ses conditions par la force. Le 18 Avril 1896,[35] il entra à Timbo à la tête d'une compagnie de tirailleurs et présenta à l'Almamy Bocar Biro un traité de protectorat. Ne pouvant cette fois éluder sa réponse, l'Almamy en guise de signature apposa au bas du texte l'expression arabe "Bismillahi Allahou Akbar" "Au nom de Dieu, le Très Haut." De Beckman déçu par le comportement de Bocar Biro renvoya des miliciens faire flotter le drapeau Français à Timbo. Des manifestations d'opposition eurent lieu à Timbo, et on mit le feu au mat et au drapeau.

Le Gouverneur des "Rivières du Sud" se faisant traduire le texte en arabe comprit la duperie de l'Almamy et réagit violemment. Sur la demande de certains proches de l'Almamy, il envoya trois colonnes de tirailleurs qui occupèrent militairement Timbo en Octobre 1896. Au même moment, le Lieutenant Spiess entra au Fouta par l'est et occupa Sokotoro en compagnie de Modi Sory Yilili.

L'Almamy Bocar Biro était en tournée à Bambéto, alors province de Bomboli selon certains, ou à NDiré Maci selon d'autres. C'est là qu'un envoyé de sa mère Diariou apprit à Bocar Biro l'occupation de Timbo par De Beckman et ses hommes.

Ayant entendu le message angoissé de sa mère et avec tous ceux qui lui restaient fidèles, il forma deux colonnes: l'une sous sa propre conduite, et l'autre qu'il plaça sous le commandement de son fils Modi Sory. L'Almamy envisagea la libération coûte que coûte de son Timbo natal. L'affrontement avec la colonne Française du Capitaine Muller eut lieu à la mémorable bataille de Bomba à Porédaka (Mamou), au petit matin du 14 Novembre 1896.

De toute la force de ses armées et avec la fougue qu'on lui connaissait, l'Almamy se jeta dans la mêlée. Au premier choc, son fils Modi Sory fut mortellement atteint. On entendit alors la voix désespérée de son inséparable et fidèle Farba Samba chantant les louanges du mourant. La Tabala retentit en désordre et se tut. Bocar Biro accourut et tenta de remettre à cheval son fils agonisant. Celui-ci inconscient et flasque retomba inerte. L'Almamy s'écria: “C'est le lieu et la meilleure manière de mourir pour un aspirant à la couronne du Fouta.” Ne pouvant retenir son émotion, l'Almamy sanglota et levant le bras droit enchaîna avec force: “Dieu sait que c'est pour la cause au Fouta et de l'Islam que je me suis toujours battu! Chefs des dîwés, vous avez crû me trahir, mais vous vous êtes trahis vous-mêmes. Bientôt vous comprendrez pourquoi je vous ai toujours conviés à refuser la domination. Vous n'êtes pas venus à Porédaka, mais tous vos hommes iront à Daka Poré (lieu de cueillette du caoutchouc). Populations de Porédaka, je vous prends à témoins devant Dieu et devant le Fouta que j'ai choisi, plutôt mourir que de livrer mon pays et ma religion à l'étranger. Je sais que maintenant je vais mourir…”

Aussitôt, que Bocar Biro se lança au galop en direction des lignes ennemies, qu'une salve retentit du côté des agresseurs. Le cheval de l'Almamy se cabra pour retomber sur son cavalier. Ce dernier se dégagea et rejoignit ses troupes. Voyant ses soldats tomber de toutes parts, fauchés par le feu de l'envahisseur, l'Almamy renonça à la lutte et chercha le salut dans la fuite. Pieds nus, il marcha de cachette en cachette, quatre jours et quatre nuits sans manger ni dormir.

Des cavaliers le rejoignirent au matin du 18 Novembre près du hameau de Bôtôré, non loin du marigot Silikaré, alors qu'un certain Sadou Bilima Kanté lui préparait du manioc. L'un d'entre eux, Modi Amadou s'approcha de Bocar Biro et lui dit «Almamy, c'est toi que nous venons chercher». Immédiatement un coup de feu retentit et l'illustre Bocar Biro fut tué. Le meurtrier, un certain Sîta Bendougou pris de panique poussa des cris tel un fou et disparut. On transporta le corps inanimé dans un buisson et on le décapita. Sa tête fut amenée à Timbo, et les habitants de Bôtôré ensevelirent discrètement les restes de l'Almamy dans le bosquet même où il avait été abattu.

C'est ainsi que nènè Diariou (mère de Bocar Biro) fut conduite attachée devant De Beckman chargée de la tête de son fils. Elle fut contrainte de la transporter à Conakry, et de comparaître avec sa charge devant le Gouverneur Ballay à Conakry. Après trois ans d'internement à Conakry, elle revint dans son village à Soro Koumma, où elle s'éteignit quelque temps après. La tête de l'Almamy, ainsi que celle de Modi Sory auraient servi à une étude sur l'anthropologie peulh en 1899. Une autre version dit que de Beckman aurait fait enterrer la tête de Bocar Biro à Timbo.

Ainsi finit le dernier des Almamy du Fouta Djallon, l'un des plus illustres et avec lui la Fédération Théocratique engendrée et entretenue par ses grands-parents, au prix de leur sang. Comme il fallait s'y attendre, la répression s'abattit sur les vaincus avec une férocité impensable. Les frères et partisans de Bocar Biro furent traqués et assassinés. Modi Iliassa, frère de l'Almamy fut abattu à Timbo le 12 Décembre 1896. Alpha Oumar fut tué à Koyin le 21 Décembre 1896 par Baba Alimou, fils de l'Almamy Sory Yilili. Sa tête fut ramenée à Timbo. Modi Abdoul, frère de Bocar Biro fut tué à Koyin par le même Baba Alimou. Avec Modi Sory périrent aussi des guerriers d'élite tels que Alpha Moussou, Tanou, Satigui Moumini, Alpha mo Nènè Sonna, Seydi mo Oumarou, NDanè mo nènè Bobo et tant d'autres fils du terroir. Furent également exécutés Baniba Abdala chef du Pakiss, et Fombo Kassamba chef de Fodé Hadji. Alpha Oumarou Timbo, fils de l'Almamy Amadou Dara fut assigné à résidence à Conakry de 1896 à 1902. Thierno Ibrahima Timbi fut révoqué et remplacé par Thierno Amadou Kîdîré. Modi Alioun frère de Bocar Biro fut interné à Conakry le 29-11-1896. Modi Aguibou, toujours de la famille fut arrêté au Pakiss. Modi Kolon et Modi Abdoullaye furent arrêtés à Koyin en 1896. Modi Mamadou, fils de Modi Abdoullaye et 10 autres enfants de la famille, se retirèrent dans le Labé. Plus tard, ils revinrent s'établir près de Sokotoro. Modi Sory, fils de Alpha Mamadou Paté se réfugia au Pakiss dans le Labé pour venir finir ses jours à Kounta. Le Fouta connut une terreur sans précédent.

Le 6 Février 1897, un groupe de notables signa avec le Gouverneur Général Chaudié venu à Timbo, l'acte de décès du protectorat Français sur le Fouta, acte par lequel le pays entrait de plain-pied dans le système colonial.[36] Le même jour, un Résident Français fut installé à Timbo. Le Fouta fut démembré, et les Almamy furent progressivement dépouillés de leurs pouvoirs. L'Etat du Fouta Djallon fut supprimé. Les provinces furent remplacées par des cantons plus nombreux afin d'affaiblir les chefs (voir traité du 6 Février 1897 à l'Annexe).

Alphaya et Soriya, reçurent des nouveaux maîtres, l'assurance de conserver la couronne. Alpha Ibrahima Fougoumba, jouant le rôle de gardien de la constitution couronna Oumarou Bademba (15e Almamy) en présence du Résident Français et de ses troupes, le 10 Décembre 1896. Ce couronnement se faisait pour la première fois en dehors de Fougoumba.

Quelque temps après, le 6 Janvier 1897, c'est Sory Yilili (16e Almamy) qui se faisait reconnaître Almamy Soriya sur proposition du Résident Français. A son couronnement, le 17 Février, le canon tonna pour le première fois au Fouta Djallon.

Partout dans le pays, les familles régnantes s'allièrent au régime bon gré, mal gré, cherchant à conserver quelque chose de leurs anciens pouvoirs et privilèges. Alors furent opérés plusieurs nominations à la tête des provinces.[37]

Almamy Sory Yilili mourut quelque temps après sa nomination, le 1er Novembre 1898 à Fello Garanké, assassiné par Thierno Siré, frère de l'Almamy Bocar Biro. Cet assassinat fut une vengeance du meurtre de Modi Iliassa, autre frère de Bocar Biro. Thierno Siré lui aussi sera exécuté après une sentence à mort du pseudo-tribunal du nouveau Fouta. Son fils Alpha Mamadou Paté Sokotoro sera l'un des premiers maîtres de l'école Française de Labé.

Almamy Oumarou Bademba accusé de complicité avec Almamy Samory sera destitué. Confus, il assistera l'âme meurtrie, au démembrement de l'empire à la tête duquel ses parents s'étaient relayés au prix de leur sang et au nom de l'Islam. Peu à peu il se retira de la vie publique et entra dans un ascétisme durant le reste de sa vie.

La défaite de Porédaka qui aboutit à l'annexion pure et simple du Fouta désempara un moment les notables du pays. La frayeur passée, l'opposition à la domination prit corps. Sous cape, Alpha Ibrahima Fougoumba se mit à la tête de l'offensive et voulut relever le défi. Dénoncé par des mouchards, il fut arrêté, condamné à mort, et exécuté en 1900. On raconte que devant l'attitude stoïque de Alpha Ibrahima, on lui fit visiter la tombe où il allait être jeté le lendemain après son exécution. Quand on lui ordonna de rentrer jusqu'au matin, il répliqua "Je ne veux pas qu'on attende demain." Il s'assit dans la tombe et on l'abattit, faute de n'avoir réussi à lui faire changer de décision. Son fils Boubacar prit le maquis sous le surnom de Karo Diallo. Il réussit des coups de mains contre tous ceux considérés comme complices dans l'arrestation de son père. C'est ainsi qu'il fit tuer Modi Sounounou Kala, et Alpha Amadou Fougoumba. Il fut assassiné par des miliciens de l'occupant, déguisés en colporteurs. Pour intimider ses partisans, des exécutions publiques eurent lieu dans Fougoumba occupé.

Alpha Yaya lui, persista et engagea tout pour l'indépendance du Labé, du Kadé, et du NGabou. Sous l'autorité de l'Almamy, il obtint la latitude de s'adresser directement au Résident, sans en informer l'Almamy (lettre du 6-2-1899). Il signait alors ses correspondances "Alpha Yaya, Malick du Labé, Sahib du Kadé" qui se traduit par "Roi du Labé, Marquis de Kadé."

Le colonisateur s'attela à détruire le Fouta et l'unité de la Confédération Théocratique à son profit. En 1898, le Labé fut complètement détaché du reste du Fouta, Alpha Yaya devenant maître absolu de sa province. Voulant se mettre en contact direct avec les chefs locaux, l'administration divisa le Labé d'abord en deux cercles, Labé et Kadé, et en 1900, naissait Boussoura, le 3e Cercle. Désormais Alpha Yaya devait évoluer sous la tutelle de trois administrateurs Français.

Par arrêté du 23 Janvier 1901, portant organisation du Fouta Djallon, l'ancienne Fédération du Fouta Théocratique fut scindée en deux régions: d'un côté, le Labé et de l'autre Timbo et toutes les autres anciennes provinces. Cet arrêté fut modifié par celui du 5 Mars 1902 qui divisa l'ancienne entité en cinq (5) cercles:

Cercle de Timbo: avec Timbo, Bhouriya, et Kolin.

Cercle de Ditinn: regroupant Fougoumba, Kébali, Kankalabé, Koyin, Maci, Bomboli, Bourouwal Tappé, et Bantignel.

Cercle de Timbi: avec Timbi Tounni, Timbi Madina et Kébou.

Le Labé en deux (2) cercles: Labé et Kadé.

Tous les cercles furent désormais directement rattachés à Conakry, chef-lieu de la colonie. Aussi tous les anciens chefs-lieux furent dénommés chefs lieux des cantons et partout sauf à Labé, un autre centre fut choisi pour abriter la capitale de la nouvelle entité administrative: Mamou remplaça Timbo; Dalaba remplaça Ditinn (Fougoumba); Pita devint chef lieu de Timbi; Tougué remplaça Koyin; Gaoual prit la place de Dombiadji; Youkounkoun commanda Boussoura (NDama).

La colonisation ayant une doctrine toute tournée vers la subordination et l'exploitation des masses en leur retirant toute liberté et toute dignité, commença à se manifester de manière apparente: travail forcé par réquisition, portage, construction de pistes, impôts en nature, recrutement pour le travail obligatoire vers des centres très éloignés tels que Kasinga, NGuérouwel et Logui. La capitation et les diverses mesures fiscales furent récupérées et versées dans les caisses du colon, les chefs des provinces (maintenant cantons), ne percevant qu'une très minime prime. Par arrêté du 19 Septembre 1899, le Gouverneur de Guinée fixa les conditions de perception des impôts dans les pays soussous vassaux du Fouta.

Heureusement, quelques sages et saints marabouts, gardiens de la tradition islamique, instruits dans la religion et les sciences, hommes ayant renoncé aux choses de ce monde, pour se tourner résolument vers celles de l'esprit, se consacrèrent à l'Islam vrai. Avec foi, ces érudits[38] de grande piété rétablirent et enseignèrent la pureté de la doctrine musulmane. Les marabouts et "Walious" (saints, savants) du Fouta bien que leur "tarikha" annonçait, très prochaine, la fin du Fouta Théocratique, sortirent de leur réserve pour que l'Islam survive au Fouta. Parmi eux, plusieurs furent arrêtés et jetés dans les bagnes.

L'ami d'antan contre les Almamy, Alpha Yaya lui même dont la province fut divisée finalement en cinq cercles, ensuite dépossédée des provinces de Dandoun, Pakiss et Kankaléfa, fut arrêté le 23 Mai 1905 et déporté au Dahomey (actuel Bénin) où le rejoindront plus tard son fils Aguibou et nombreux autres membres de sa famille. Alpha Yaya y vivra cinq ans et reviendra à Conakry en 1910. Arrêté de nouveau, le 9 Février 1911, il fut exilé à Port Etienne (actuel Nouadibou) en Mauritanie. Il y décédera le 10 Août 1912. Son fils Aguibou reviendra en Guinée en 1922. Il finit ses jours à Yambering où il a sa tombe près de la mosquée. Alpha Mamadou dit Karamoko Raddiay de Tangan interné à Port Etienne avec Karamoko Sankon de Touba assista Alpha Yaya dans ses dernières heures. Alpha Alimou nommé à la place de Alpha Yaya fut à son tour arrêté et condamné à perpétuité en 1912. Il mourut peu après à Fotoba.

Alpha Yaya, dont l'hymne national de Guinée (la Liberté) rappelle l'épopée, fut réhabilité par le peuple de Guinée à l'occasion du 10e anniversaire de son indépendance. Son corps est inhumé au Mausolée de la Camayenne, auprès de celui de l'illustre Almamy Samory Touré.

Ayant réduit toutes les poches de résistance par la force de l'épée ou par l'intimidation, le colonisateur s'attela à la tache dite de pacification des terres conquises. Soit par regroupement, soit par décentralisation des anciennes provinces, le colon changea la physionomie de ce qui fut le Fouta Djallon.

La désintégration du pouvoir politique et administratif fut l'une des conséquences néfastes de l'intrusion étrangère au Fouta. La chefferie fut particulièrement dénaturée et remplacée par une chefferie administrative, devenue l'instrument subalterne, mais essentiel de l'administration coloniale, la fidélité aux nouveaux maîtres étant le seul critère de nomination à un poste de responsabilité. C'était la transformation du chef traditionnel en chef fantoche, docile, à la solde du colonisateur. D'où la révocation, l'arrestation, la déportation, la condamnation à mort de tous ceux qui, pour peu, manifestaient une certaine réticence.

La main de l'occupant fut portée à toutes les structures sociales. Les Français appliquèrent le principe de l'administration directe, tous les pouvoirs étant réservés aux administrateurs coloniaux, commandants de cercles et de subdivision. Tout puissants, ces commandants de cercle, véritables "dieux de la brousse" se conduisaient en potentats, n'hésitant pas à gifler et à donner des coups de pieds à tout passant qui ne les saluait pas. Tous les anciens chefs locaux qui n'avaient pas été physiquement liquidés, même ceux qui avaient aidé dans la sale besogne de conquête coloniale, furent révoqués ou réduits à un simple titre honorifique.

Au Parti Alphaya, Almamy Ibrahima Sory Sabou (20e Almamy) et Almamy Ibrahima Sory Dara (21e Almamy) furent promus Almamy. Ce dernier, détenteur de la légion d'honneur Française fut révoqué le 31 Décembre 1957 par le Parti Démocratique de Guinée (P.D.G.) à la suppression de la chefferie dite traditionnelle. Très jeune il avait suivi son père déporté à Conakry au lendemain de la bataille de Porédaka en 1896. Il mourut en 1977.

Au Parti Soriya furent promus Almamy Alimou (17e Almamy) et Almamy Boubacar Biro Dabola (18e Almamy) qui de son vivant, creusa et entretint sa future tombe où il fit ses prières jusqu'à sa mort. Enfin, Almamy Aguibou Dabola (22e Almamy) dont le seul prénom très évocateur, annonçait au Fouta qu'il était le dernier.

Ainsi prit fin l'histoire du Fouta Djallon qui, "bras et pieds liés" entrait dans le système colonial Français, se confondant corps et âme au reste du pays qui portera désormais le nom de Guinée Française. Le système colonial imposé, se caractérisa par l'oppression et l'exploitation du peuple au profit exclusif du colonisateur, et surtout par la privation de ce peuple de la responsabilité de son destin. Par le biais de l'école coloniale et de l'église, il s'attaqua à la culture du peuple et l'aliéna.

Comme l'a dit Gilbert Vieillard "Aujourd'hui, il n'y a plus de Fouta. Il n'y a plus que ceux qui ont échappé au Fouta et ceux auxquels le Fouta a échappé, c'est à dire des faibles émancipés et des puissants appauvris." Ce qui veut dire en Poular "Foûtibhé Fouta et Bhè Fouta Foûti."

Notes

[1] Selon les données de la station météorologique de Baring, Timbi-Madina, Pita.

[2] Voir Ishaga Bah, et Gilbert Vieillard.

[3] Voir Fonds Macina, Archives de l'IFAN à Dakar au Sénégal.

[4] Ce dernier encerclant le Macina, les pays du Say, de Songhoî, du Mossi avec Ouagadougou.

[5] Lors de l'arrestation et de l'assassinat de El Hadj Diallo Telly, 1er Secrétaire Général de l'Organisation de l'Unité Africaine (O.U.A) lui même de souche Peulhe.

[6] Un de neuf (9) membres fondateurs de la Confédération Islamique du Fouta Djallon

[7] Il arriva au Fouta par Soumpoura, Kébali et s'arrêta près des chutes de Ditinn. A Soumpoura, il laissa son frère Paté Wolo qui apostasia pour devenir le chef des animistes Peulhs du Koyin. Aux chutes de Ditinn, les autochtones se saisirent de lui et le jetèrent dans un gouffre de la rivière Téné. Il y séjourna quelques jours sans danger, et eut seulement un des orteils rongés par les poissons. Miraculeusement, il sortit indemne du gouffre et réussit à anéantir ses adversaires animistes.

[8] Almamy Maliki meurt le jour même de la bataille de Horé Boubou vers 1159, après l'hégire. Retenus au village pour l'enterrement du grand marabout, les Djimbalanké ne purent assister à la mémorable bataille. Dans l'après-midi, ils vinrent en grand nombre à la rescousse des fidèles, et en cours de route, arrêtèrent cinq rescapés animistes qu'ils conduisirent à l'assemblée des croyants. Ils trouvèrent celle-ci sur le point de se séparer et remirent leurs captifs à Alpha mo Labé. Vivement remerciés, ils furent invités à prononcer les dernières prières de l'assemblée. Depuis ce jour, à la fin de toutes rencontres des Labéens, les prières finales reviennent d'office à tout membre présent de la famille Djimbalanké.

[9] Les Seydianké et les Timbobhé ont des relations familial es très serrées. Thierno Samba mo Bhouriya accorda Djiba Diallo (fille de Hammadi mo Lari Dyewba de Tounkan) à Nouhou pour épouse. Celle-ci donna naissance à Ibrahima Sambégou qui sera plus tard le premier Almamy du

Fouta Djallon sous le nom de Karamoko Alpha. Alpha Amadou mo Kolladhé-Kankalabé donna en mariage à Karamoko Alpha mo Timbo, Yayé Kanni, fille de son frère Alpha Ishaga. C'est elle qui donna naissance à Alpha Saliou (3e Almamy) Almamy Abdoullaye Bademba (5e Almamy) et à une fille Bihi Bassira. Cela justifie l'attention particulière que les Almamy auraient pour les chefs Timbobhés.

[10] En guise de récompense à son maître, il offrit 33 bovins dont Fougaba qui donnera son nom à Fougoumba. Il lui accorda en mariage sa fille Halima. Pour les services de celle-ci, il offrit une servante dénommée Djiba et un serviteur du nom de Douga. Ces trois personnes: Halima, Djiba, et Douga ont donné les noms aux trois grandes familles Barry de Fougoumba : Halimayanké, Djibayanké, et Dougayanké.

[11] Comme référence sur la création et l'évolution du Fouta Djallon, voir les Archives Nationales de Guinée à Conakry et à Aix-en-Provence; de l'Institut Fondamental d'Afrique Noire (IFAN) de Dakar au Sénégal; Gilbert Vieillard; Paul Marty; Boubacar Barry; El Hadj Alpha Bassia Barry; Sékou Bounama Sy; Ishaga Bah; T. Diallo; et des manuscrits non publiés de Thierno Aliou Bhoubha NDiyan, et Thierno Salmana Bah.

[12] Les Chefs des insurrections musulmanes dans le Fouta Djallon furent: dans la zone de Timbo, Thierno Ibrahima Ibn Nouhou de la famille Seydiyanké; à Fougoumba, Karamoko Alpha Sadio Sériyanké; dans le secteur de Kébali, Alpha Moussa Sow de la famille Pérédio; dans les Kolladhé-Kankalabé, Alpha Amadou Dialloyanké; dans le Fodé Hadji, Fodé Ishaga de la famille Maninka; dans les Timbis, Thierno Siré mo Bourkadhié de la famille Ndouyédio et Thierno Souleymane Tioro de la famille Hélayanké (contrairement à ce que pensent certains, Thierno Siré n'a jamais résidé à Bourkadhié, mais plutôt à Timbi Tounni, son fils Balla est l'un des fondateurs de Bourkadhié); dans le Bhouriya, Thierno Samba mo Bhouriya, Timbonké de la famille Amoroyanké; à Koyin, Thierno Saliou Balla de la famille Koulounnanké Balla; et dans le Labé, Alpha Mamadou Cellou dit Alpha mo Labé de la famille Kalidouyanké.

[13] Ces personnalités dont 14 Peulhs et 10 Maninkas furent : (1) Alpha Ibrahima Sambégou mo Timbo; (2) Alpha Mamadou Cellou mo Labé; (3) Thierno Saliou Balla mo Koyin; (4) Alpha Mamoudou mo Gongoré; (5) Alpha Amadou mo Kolladhé-Kankalabé; (6) Alpha Mamoudou mo Fougoumba; (7) Thierno mo Sigon de Labé; (8) Thierno mo Bouroudji de Labé; (9) Alpha Moussa Sow de Kébali; (10) Thierno Samba mo Bhouriya; (11) Thierno Siré mo Bourkadhié dans le Timbi; (12) Thierno Souleymane Tioro mo Timbi Tounni; (13) Thierno Abdourrahmane mo Maci; (14) Thierno Hamdjata mo Kala-Dalaba; (15) Fodé Mamoudou

mo Dalato; (16) Fodé Mamoudou Kaly mo Kourou; (17) Fodé Abdoullaye mo Kourou; (18) Fodé Ousmane mo Kourou; (19) Fodé Saliou mo Traoré; (20) Fodé Ishaga mo Timbo-Dalaba; (21) Fodé Amadou mo Saré Bowal; (22) Fodé Kaman mo Kourou; (23) Fodé Mâdi Sira mo Dalato; (24) Fodé Sâdigou mo Kourou.

[14] Cette bataille de Trouban était conduite du côté Foutanien par l'Almamy Oumarou du Parti Soriya, qu'accompagnaient ses fils Alpha Mamadou Paté et Bocar Biro.

[15] Ce système continue jusqu'à présent dans certaines zones du Fouta où les premiers responsables (provinces, cantons, villages, Pouvoir Révolutionnaire Locaux (PRL) du Parti Démocratique de Guinée (PDG), et Districts de la 2e République) sont le plus souvent recrutés dans les mêmes familles.

[16] Timbo, Bhouriya, Fougoumba, Kolladhé-Kankalabé, Gongoré, Kourou Maninka, et Timbo-Dalaba.

[17] Fonds Gadès, Cahier No 88, Investiture d'un Souverain Peulh, Archives de l'Institut Fondamental Afrique Noire (IFAN) de Dakar, au Sénégal.

[18] Almamy Oumarou et Almamy Ibrahima Sory Dara réussirent à s'entendre et à se relayer, tour à tour à la tête du Fouta. Les résidences de sommeil des Alphaya étant Dara, Gabalan, Hériko, Nounkolo, et Palsaré; et celles des Soriya: Sokotoro, Kounta, Haccoundé, Tigué, Mayo et Félah. C'est en ces lieux que les Almamy qui n'étaient pas en fonction, se reposaient en attendant leur retour au pouvoir. Pour annoncer aux populations de Timbo l'avènement d'un nouvel Almamy, le sortant faisait battre la tabala à Pitahoy Tabaldé, durant toute la journée. Le soir, il rentrait dans sa résidence de sommeil et le nouvel Almamy lui retournait dans Timbo.

[19] Fonds Gadès, Cahier No 82, Archives de L'IFAN de Dakar, Sénégal.

[20] A la suite de l'attaque et de l'incendie du village de Manda Saran et sur invitation de Bacar Guidali MBalo, Poullo NGabou récemment converti à l'Islam, Almamy Oumarou et Alpha Ibrahima roi du Labé, conduisirent en personne une expédition punitive contre les Tieddho de NGabou que commandait le très célèbre Dianké Waly, roi de Kansala. La ville de Kansala (ou Trouban) fut incendiée, Dianké Waly et nombreux guerriers Peulhs y périrent. L'Almamy, très meurtri du fait de la disparition de

nombreux et valeureux guerriers du Fouta, reprit le chemin de retour, en compagnie notamment de son fidèle compagnon Alpha Ibrahima et de ses enfants Alpha Mamadou Paté et Bocar Biro. En route, il décéda à Dombiadji, dans le Kadé de Gaoual où il sera enterré.

[21] Aux alentours du Fouta il s'attaqua à de nombreuses poches de résistance à l'Islamisation et acheva la pacification de la fédération. Dans sa conquête de la Basse Guinée, il rencontra une résistance farouche de la part de Yonka Laye, chef de Kolissoko. Celui-ci lui offrit d'importants cadeaux pour qu'il n'intervienne plus dans les affaires du Rio Pongo, où il avait des démêlées avec une coalition de chefs de Sobané, du Kolissoko et de Thia, coalition dirigée par Ben Katty de Thia.

[22] Série D, 2D388, Archives Nationales de Guinée, Conakry.

[23] Sa tombe est aujourd'hui l'objet d'un pèlerinage annuel, le 26 du mois de Razib. De nombreux fidèles musulmans s'y rassemblent, et durant une nuit et une journée, ils chantent des cantiques religieux en l'honneur de Thierno Diao. On dit aussi qu'un figuier avait poussé sur la tombe du marabout, ses feuilles portaient les inscriptions suivantes en arabe "Bismillahi Rahmani Rahimi". Il semble que cet arbre ait été détruit par des incendies.

[24] Série D, 2D68, Archives Nationales de Guinée, Conakry.

[25] Série E, 1E1, 1E2, et 1E3, Archives Nationales de Guinée, Conakry.

[26] Série 2E12, Archives Nationales de Guinée, Conakry, et Bobine I, Dossier 6. Microfilms des documents des Archives Nationales de Guinée déposées à Aix-en-Provence.

[27] Dans la nuit du Jeudi au Vendredi, des musulmans venus de tous les coins du pays, rivalisent de cantiques religieux en l'honneur du marabout et du prophète de l'Islam. On y prie et chante sans arrêt.

[28] Série E, 1E9,1E11, 1E12, 4E2, Série D, 2D170, 2D451, Archives Nationales de Guinée, Conakry.

[29] Microfilms des documents des Archives Nationales de Guinée déposées à Aix-en-Provence, Bobine I, Dossier 9, 4Mi30.

[30] Voir B. Barry «Bocar Biro»

[31] Microfilms des documents des Archives Nationales de Guinée déposés à Aix en-Provence, Bobine I, Dossier 2 and Dossier 6.

[32] Archives Nationales de Guinée, Conakry, Série E, 1E30.

[33]A l'appel pathétique de Bocar Biro pour l'ultime bataille de Porédaka, Alpha Yaya fit défection en refusant de renforcer les troupes fidèles au Fouta et ce, sur recommandation expresse de son marabout de Touba qui lui interdisait tout affront avec les Blancs. Pour couper tout contact avec Timbo, il se retira à l'intérieur de sa Province, à Popodra selon certains, et au dire des autres à Bagnan, à la limite avec Timbi. Quand Bocar Biro s'apprêtait à affronter les troupes ennemies à Porédaka, Alpha Yaya, par lettre, reconnaissait la souveraineté de la France sur ses territoires et se rangeait du côté de celle-là dans le conflit l'opposant à Bocar Biro, Almamy légitime du Fouta Théocratique.

[34] Archives Nationales de Guinée, Conakry, Série E, 1E27.

[35] Archives Nationales de Guinée, Conakry, Série E, 2E6.

[36] Microfilms des documents des Archives Nationales de Guinée déposés à Aix-en-Provence, Bobine I, Dossier 6.

[37] Le 10 Décembre 1896 :
Alpha Yaya fut reconnu Roi du Labé
Alpha Ibrahima fut nommé Roi du Fougoumba
Alpha Mamadou NDanta Chef de Bhouria
Alpha Mamadou Chef des Kolladhé
Alpha Ousmane Chef de Kébali
Alpha Abdouramane fut nommé Chef à Koyin
Le 25 Février 1897: Alpha Amadou Thierno fut nommé Chef de Télico
Le 12 Février 1897: Thierno Abdoul fut nommé Chef à Maci
Le 02 Mars 1897 : Thierno Amadou Kîdîre fut désigné Chef pour Timbi Tounni
Le 08 Mars 1899 : Alpha Aliou devint Chef du Bailo
Le 16 Mars 1897 : Alpha Ibrahima fut nommé Chef à Bomboli
Alpha Ibrahima, fut nommé Chef à Bouroual Tappé
Le 18 Mars 1897 : Alpha Amadou Diouldé fut désigné Chef à Timbi Madina
Le 28 Mars 1899 : Alpha Mamadou fut nommé Chef à Fodé Hadji
Le 16 Décembre 1898 : Baba Alimou fils de Almamy Sory Yilili devient Almamy de Timbo, Bhouriya et Fodé Hadji

[38] Parmi eux, citons: Thierno Sadou Dalin; Thierno Samba de Mombéa; El Hadj Oumar Foutihou Tall; Karamoko Dayédio de Bantangui; Thierno Mamoudou de Labé Dhéppéré; Saïkou Mamadou Mouctar de Koula; Saïkou Abdoul Rahim de Koula; Karamoko Koutoubou Touba; Saïkou Algassimou Zawia; Thierno Ibrahima Mbemba de Madina Tokosséré; Thierno Ibrahima Waliou NDama; Thierno Oumarou Rafiou Dara Labé; Saïkou Mawiatou de Maci; Thierno Aliou Boubha NDiyan; Thierno Aliou Waliou de Gomba; Chérif Mouctar Koula; et Cherif Mouhammadou Abdoullaye de Sagalé.

REFERENCES

Afrique Documents, "La Théologie Peulhe du Fouta Djallon", 1969.

André Arcin, "Histoire de la Guinée Française", 1911.

I. Arensdorff, "Etude sur la Race Peulhe", Librairie Gauthner, Paris, 1913.

Ishaga Bah, "L'Elevage bovine à travers l'Histoire, la Civilisation, et la Société Peulhe Sédentaire du Fouta Djallon", Thèse de Doctorat présentée a l'Université de Paris, 1966.

Thierno Salmana Bah-Pita, "Tarikh Fouta Djallon", Manuscrit non publié, en Langue Arabe.

El Hadj Alpha Bassia Barry, "Histoire du Fouta Djallon", Manuscrit non publié, en Langue Arabe

B. Barry, "Bocar Biro. Le Dernier Grand Almamy du Fouta Djallon", Collection Grandes Figures Africaines, 1977.

B. Barry, "La Sénégambie du 15e au 19e siècles", Paris, L'Harmattan, 1988.

Sékou Bounama Sy, "Résistance Africaine", Etudes Historiques de l'Institut National de la Recherche et de la Documentation de Guinée, 1968.

T. Diallo, "Alpha Yaya, Roi de Labé", Nouvelles Editions Africaines, Collection Grandes Figures Africaines, 1977.

T. Diallo, "Les Institutions Politiques du Fouta Djallon au 19e siècle", Institut Fondamental Afrique Noire (IFAN), Dakar, Sénégal, 1972.

Thierno Aliou Bhoubha NDiyan, "Chroniques Anciennes du Fouta Djallon, Tarikh Fouta Djallon", Manuscrit non publié, en Langue Arabe.

Paul Marty, "L'Islam en Guinée-Fouta Djallon", Editions Ernest Laroux, 1921.

Gilbert Vieillard, "Notes sur les Peulhs du Fouta Djallon", Institut Fondamental Afrique Noire (IFAN), Dakar, Sénégal, 1940.

Archives Nationales à Conakry (Guinée)

Série D

1D7 Monographie de Ditinn.

1D16 Régions du Fouta Djallon-Historique des Foulbés Fouta.

1D20 Monographie de Labé.

1D29 Monographie de Labé par l'Administrateur Gauthier.

1D45 Monographie des Timbi du 23/3/1906, et de 1896-1902 en deux (2) registres.

1D49 Monographie de Timbo.

1D50 Cercle de Timbo.

1D132-1D139 Chefferie Traditionnelle dans le Labé.

1D184 Missions au Fouta Djallon en 1896.

2D10 Boffa 1876-1889.

2D21 Boké (Rio Nunez) 1869-1900.

2D68 Cercle de Coniaguis 1804-1908.

2D78 Ditinn Castel Français 1899-1903.

2D96 Le Fouta Djallon 1897-1900.

2D97 Fouta Djallon.

2D170 Rapports Confidentiels de Kindia 1910-1911 Gomba.

2D198 Labé (Télégrammes au Gouverneur 1898-1906).

2D199 Fouta Djallon-Rapports Politiques.

2D214 Rapports d'ensemble sur Ditinn 1899-1902.

2D226 Rio Nunez-Affaires Politiques et Administratives 1898-1900.

2D251 Les Timbis de 1903-1911.

2D255 Timbo en 1897.

2D388 Thierno Ibrahima NDama.

2D451 Bastié.

5D2 Ditinn, Cercle du Castel Français-Recensement de 1900 et 1901 des diwés de Maci, Bomboli, et Bouroual Tappé.

Série E

1E1, 1E2, et 1E3 Alpha Yaya du Labé.

1E6 Le Fouta Djallon (Traité du 6 Février, 1897).

1E7 Fouta Djallon Correspondances.
1E9 Gomba-Thierno Aliou-Liquidation du Troupeau.
1E11 Gomba- Traités entre Gomba et les Français. Meurtre de L'Administrateur Bastié.
1E12 Document Concernant Thierno Aliou de Gomba.
1E17 Détenus Politiques de Touba-Rapports sur Karamoko Sankoun de Touba.
1E27 Olivier de Sanderval.
1E30 Fouta Djallon- Traités avec les Autorités Françaises 1845-1897.
2E6 Missions au Fouta Djallon 1896. Correspondances et Rapports Administratifs de Mr. De Beckman et Alby.
2E12 Politiques Indigènes- Rapports sur les Faits Quotidiens a Boussoura (NDama) 1885-1902.
4E2 Politique Musulmane. Missions Spéciales au Fouta après le meurtre de l'Administrateur Bastié.
4E3 Islam et Marabouts en Guinée.
4E4 Renseignements individuels sur tous les marabouts en Guinée.
4E5 Enquêtes sur l'Islam en Guinée dans tous les Cercles en 1914.

Archives Nationales de Guinée (Microfilms des documents déposés à Aix-en- Provence).

Bobine I-Dossier 2
4Mi16 Missions au Fouta Djallon de Mr. De Beckman.
4Mi17 Lettres-Rapports de Mr. Devaux chargé de mission au Fouta Djallon 1895-1901.
Bobine I-Dossier 6
4Mi27 Expansion Territoriales et Politiques 1891-1900
Affaires Musulmanes au Fouta 1895-1900.
Incidents de Timbo 1898-1899.
Incidents de Boussoura 1898-1899.
Dossier 9
4Mi30 Menées du Karamoko Thierno Aliou de Gomba

Archives de l'Institut Fondamental d'Afrique Noire (IFAN) à Dakar (Sénégal)

Fonds Gilbert Vieillard
Cahier No 7: Genèse du Commencement des temps jusqu'à l'époque de Almamy Ibrahima, fils de Alpha Oumar. Par Thierno Souleymana Sayandé
Cahier No 8: Chroniques de Nounkolo. Par Alpha Mamadou Bella
Cahier No 10: Fondation du Fouta Djallon. Par Thierno Mamadou Dialloyanké

Fonds Macina
Cahier No 1: Origine des Peulhs
Cahier No 14: Princes du Macina
Cahier No 89: Histoire du Macina

Fonds Gadès
Cahier No 82: Les Houbbous
Cahier No 88: Investiture d'un Souverain Peulh

Fonds Brevié
Tarikh du Fouta Djallon. Par Makki Tall

ANNEXE

Traité du 6 Février 1897

Entre l'Inspecteur Général des colonies Monsieur Chaudié, Gouverneur Général de l'Afrique Occidentale Française (A.O.F) assisté de: Monsieur De Beckman, Administrateur de 1ère Classe représentant le Gouverneur de la Guinée Française; Mr Muller, Capitaine d'Infanterie de la Marine, commandant les troupes de la Guinée Française; Mr Desdois, Capitaine d'Infanterie de la Marine, Commandant la 3e Compagnie des tirailleurs Soudanais; Mr Redoul médecin de 1ère Classe de la Marine; Mr Curutchet, Lieutenant d'Infanterie de la Marine; Mr Devaux, Lieutenant d'Infanterie hors Classe de l'état major; Mr Miguel, médecin de 2e Classe des Colonies.

Et Oumar Bademba, Almamy Alphaya assisté de Alpha Ibrahima Sory Yilili; Alpha Yaya, Roi de Labé; Alpha Ibrahima Fougoumba, grand marabout; Modi Mamadou Bobo, fils de Almamy Ibrahima Sory; Alpha Mamadou NDantaba Chef de Bhouriya; Alpha Ousmane Chef de Kébali; Alpha Mamadou Oury Sâman Chef des anciens Soriya; Alpha Ousmane Diabaya Chef des anciens Alphaya.

1. Article 1er. Les Almamy placent le Fouta sous l'autorité et la dépendance de la France.
2. Article 2. La France s'engage à respecter la Constitution actuelle du Fouta qui fonctionnera sous l'autorité du Gouverneur de la Guinée, et sous le contrôle direct d'un fonctionnaire Français avec titre de Résident au Fouta Djallon.
3. Article 3. Les Almamy actuels reconnus exerceront alternativement.
4. Article 4: En cas de révocation ou de décès d'un Almamy, le prétendant sera proposé par les Chefs des dîwés, après avis du Gouverneur de la Guinée et sur approbation du Gouverneur Général.
5. Article 5. Les Chefs des dîwés et de la *Missidé* seront nommés par l'Almamy sous réserve de la présentation

préalable au Résident et être agrées par le Gouverneur.

6. <u>Article 6.</u> La France installera partout où il y aura nécessité, des résidents sous-ordre et des postes militaires. Elle exercera tous les pouvoirs pour garantir la sécurité.
7. <u>Article 7.</u> Un commerce libre s'exercera entre les indigènes et les Français. Le commerce des Français sera exempt de toutes redevances antérieures.
8. <u>Article 8.</u> Des conventions entre le Gouverneur et les Almamy réglementeront, après approbation du Gouverneur Général, les conditions de concession des terres, le payement des impôts, une part étant réservée à l'Almamy et aux Chefs.
9. <u>Article 9.</u> Sont et demeurent abrogés tous les traités antérieurs.
10. <u>Article 10.</u> le présent traité sera soumis à la ratification du Gouverneur de la Guinée.

Fait à Timbo le 6 Février 1897

Définition et Traduction

1. *Le Bowal (pluriel Bowés):* lande des plateaux sans arbres, desséchée en saison sèche, inondée pendant les pluies. Le Bowal couvre des superficies immenses dans le plateau central. Certains sont des pâturages passables. D'autres se révèlent comme d'immenses réserves de minerai de bauxite (Sangarédi, Tougué, Kindia, etc.).
2. *Hansanhéré (pluriel Kansanhé):* est une formation semblable à la précédente, où la roche se couvre de buissons, de petits arbres et d'herbes. C'est un pâturage convenable, propice à la culture du fonio. Il est souvent victime de feux de brousse allumés par les pasteurs et les cultivateurs.
3. *Hollândé (pluriel Kolladhés):* est une plaine recouverte à l'origine par la forêt. Les habitants sont le plus souvent regroupés au sein de ces plaines.
4. *Parawol (pluriel Parâdji):* est le bord marécageux des rivières.
5. *Dounkîré (Dounkîdjé):* est le bord de la rivière moins inondé.
6. *Souriré (pluriel Souridjé):* est une portion de terre enclavée, entourée de toutes parts par l'eau (une île).
7. *Fitâré (pluriel Pitâdji):* désigne des galeries forestières.
8. *Hounsîré (pluriel Kounsîdjé):* est une forêt isolée dans un Bowal.
9. *Korâssi (pluriel Korâsîdjé):* sont des vastes plaines couvertes d'une brousse clairsemée que l'on rencontre surtout à l'ouest du Fouta et au Nord (Badiar), très propices à la culture du riz. Un dicton peulh présente le Fouta comme un pays des eaux vives, des arbres fruitiers, de foi et de liberté. "Fouta ko leydi dié, leydi dimdhé, leydi dîna et ndimâgou mâ ndimou".
10. *Missidé (pluriel missidadji):* village.
11. *Mo (pluriel bhé):* de; descendant de (fils ou fille de).
12. *Tno; Adou; et Mdou*: abréviation de Thierno, Amadou, et

Mamadou respectivement.

13. *El Hadj:* titre donné à toute personne ayant fait le pèlerinage à la Mecque.
14. *Thierno, et Alpha:* titres religieux
15. *Modi:* synonyme de Monsieur
16. Tata: forteresse
17. Kolewal: pont rudimentaire en bois
18. Gnenkéten: pont rudimentaire en lianes
19. Diwal (pluriel diwés): provinces
20. Sofa: guérrier

Compte rendu de Mission en Afrique Centrale à la Recherche de la tombe de Thicrno Ibrahima dit Waliou (le savant) de NDama (Mai, 1992).

Objet de la Mission

L'objectif de la mission était la finalisation des travaux de recherche au Gabon et au Congo sur Thierno Ibrahima dit Waliou (le savant), dit Karamoko NDama, arrêté à Boussoura, sous-préfecture actuelle de Guingan (Koundara) en 1901, et exilé au Congo où il mourût en 1902. Il fut l'objet du monument qui se trouvait devant le Palais du Gouvernement de Guinée et qui est présentement à l'entrée du Musée National de Sandervalia au Kaloum, à Conakry.

Qui était Thierno Ibrahima NDama?

Thierno Ibrahima dit Thierno NDama est l'un des héros Africains de Guinée dont l'action est peu ou pas connue du public. Sa personnalité mérite pourtant une place d'honneur parmi les martyrs du colonialisme et du féodalisme.

Né en 1824 à Himaya, sous-préfecture actuelle de Kounsitel, préfecture de Gaoual, il hérita une modeste chefferie traditionnelle qui avait la particularité de vivre indépendamment de l'emprise des Almamy du Fouta et des Chefs du dîwal de Labé. C'était un éminent marabout très lettré et réputé, qui avait fait de son Boussoura un lieu de pèlerinage et de cantiques, lieu fréquenté par une clientèle exceptionnelle et distinguée. Mais sa vraie gloire vient de son opposition farouche à la domination Française. Cette opposition lui valut son arrestation en Mai 1901 et sa déportation au Congo où il s'éteignît en 1902.

Thierno Ibrahima fut arrêté et remplacé par Modi Amadou Diari à la tête du NDama, par le Lieutenant Moncorgé, Commandant du Cercle de Boussoura. A leur tour ils furent tous deux arrêtés et exécutés par les Coniaguis de Ittiou le 17 Avril 1902, la veille de l'embarquement du

Waliou pour l'exil. Le Lieutenant Moncorgé fut massacré avec le Sergent Français Raveau, un Sergent indigène, 24 Tirailleurs, et 66 Partisans, soit au total 93 tués.

Déroulement de la Mission

Voyageant à mes frais, j'arrivai par Air Zaïre à Libreville le Lundi 4 Mai 1992. Je fus reçu par El Hadj Sory Diaby, Ambassadeur de Guinée au Gabon qui m'introduisit dès le 5 Mai auprès du Ministre de la Jeunesse, des Sports, des Arts et Culture, chargé des Droits de l'Homme et de la Condition Féminine du Gabon. Ce dernier me recommanda à son tour à Monsieur le Secrétaire Général à la Présidence de la République, en vue de me faire bénéficier dans le cadre de ma mission, de toutes les facilités possibles, au niveau des services de la Direction des Archives Nationales relevant de son Département. Docteur Gabriel Sultan de Nationalité Guinéenne m'accueillera aussi, et facilitera mon accès aux Archives Nationales.

Les 13 et 14 Mai 1992, je travaillerai à la Direction des Archives et constaterai avec peine, que tous les témoins écrits sur la Guinée avaient été transférés à Aix-en Provence (France) où les affaires politiques du Fonds de Louango sont classées dans les séries 4 (1) D, 4 (2) D, 5 D. Seulement quelques microfilms matérialisent les documents transférés. L'observation de ces films décrivant les rapports de l'Administrateur de Louango de 1896 à 1906, ne me permit pas de déceler une quelconque trace du Thierno, ni un indice le situant à Louango dans l'espace et le temps.

Néanmoins, je rencontrai de nombreux documents parlant de l'exil dans le secteur de plusieurs Ouest Africains dont Saikou Ahmadou Bamba (Sénégal), Almamy Samory Touré (Guinée), Saranka Mory (Guinée), Samba Lafou (Guinée) condamné à 20 ans de prison par le Tribunal Spécial de Conakry le 7 Avril 1901 (Dossier No 32), et Fassini Oularé (Guinée) condamné perpétuel de droit commun le 1er Mars 1901, détenu à N'Djolé puis rapatrié en Guinée en 1911 (Dossier No 2). Aucun des documents ne parlait de Thierno NDama.

Je résolus alors de me rabattre sur le Centre Culturel Français, où la lecture d'un manuel intitulé "Gabon-Congo au temps de Monseigneur Carries" me donna la conviction que Thierno Ibrahima avait été exilé à Louango qui se situait à 25 km de Pointe Noire, en République du Congo.

Le 15 Mai 1992, à 20 heures 15, je partis de Libreville par train pour NDjolé où avait été assigné à résidence forcée le célèbre Almamy Samory Touré. Située à 200 km de Libreville, NDjolé ancien bagne des résistants Ouest Africains, est une île inhabitée du Fleuve Ogoué, dans la région du Moyen Ogoué au Gabon. C'est dans cette île infectée de reptiles et de moustiques que s'éteignît l'illustre Samory Touré en 1900.

Revenu à Libreville le Samedi 16 Mai 1992, à 23 heures, je faillis abandonner la poursuite de la mission, compte tenu des faibles moyens dont je disposais, alors que mon objectif était à peine à une heure de vol d'avion. Néanmoins, je résolus de continuer. Je fis des démarches auprès de certaines personnalités Guinéennes et réussis à obtenir les frais de mon second voyage. Comme toujours, l'Ambassadeur de Guinée mit sa machine en marche et obtint pour moi, un visa de courtoisie de l'Ambassadeur du Congo, et un autre du Ministre Gabonais des Affaires Étrangères me permettant de sortir et de revenir au Gabon.

Le 20 Mai 1992, à 19 heures 30, je débarquais à Pointe Noire (Congo), où notre pays n'a aucune Représentation Consulaire. Je fus accueilli par un Guinéen arrivé sur place, il y avait à peine trois (3) mois. Je fus hébergé au domicile de Monsieur Moussa Diabaté, petit fils du feu Morifindiang Diabaté, griot et compagnon d'exil de l'illustre Samory Touré. Celui-ci était installé au Congo depuis plus de 30 ans et s'était déjà nationalisé Congolais. Monsieur Diabaté se mit entièrement à ma disposition et engagea des démarches pour mon accès au cimetière de Louango.

Louango était une très ancienne citadelle, capitale du

célèbre Royaume du nom, qui s'étendait du sud, depuis l'Angola jusqu'au Gabon au nord. C'était le lieu à partir duquel les Européens s'étaient introduits au coeur de l'Afrique Centrale. L'église de Louango a fêté son centenaire en 1983. Depuis 1910, Louango a cédé son prestige à Pointe Noire, capitale régionale et économique du Congo en bordure de l'Océan Atlantique.

Le 22 Mai 1992, au Matin, nous rendîmes une visite de courtoisie aux autorités de Pointe Noire. En l'absence du Gouverneur, nous fumes reçus par le Secrétaire Général qui fut vivement intéressé par le mobile de ma présence. Il s'empressa de me mettre en contact avec le régisseur du cimetière de Louango, Monsieur Théousse Bernard, Chercheur, et ancien Inspecteur de l'Enseignement en retraite. Quand j'ai exposé l'objet de ma mission à ce dernier, il me saisit à l'épaule droite et me dit: “Mon frère je vais te montrer tout de suite le tombeau du Thierno, l'exilé Ouest-Africain qui mourût ici au début du siècle. Son tombeau dont la présence m'a toujours intrigué, se reconnait par trois signes très caractéristiques.”

1. C'est le seul, avec celui d'un autre Européen qui ne soient pas entretenus au cimetière de Louango, faute de parents proches. Je rappelle ici que le Waliou aurait très certainement été inhumé par ses fils, compagnons de bagne: Thierno Diao, Modi Alimou et son cousin Modi Sory Himaya, tous trois graciés et ramenés en Guinée en 1905.
2. C'est le seul tombeau d'un musulman au Grand Cimétière.
3. Pour preuve que Thierno était décédé prisonnier, sa tombe est encore enchaînée bien que le pays soit indépendant et que Thierno soit aussi par conséquent libre. Jamais un proche n'était venu le déchaîner.

Je fus alors saisi d'émotion et ne pus retenir les larmes du fait d'être bientôt au bout de mes recherches et à l'aboutissement heureux d'une entreprise qui me tenait tant à coeur. J'eus l'image instantanée du grand marabout victime du colonialisme et du féodalisme, héros national, encore symboliquement retenu prisonnier, près d'un siècle durant par une chaîne, et cela malgré les indépendances Africaines.

Nous partîmes pour Louango en compagnie du Régisseur, de Monsieur Moussa Diakité et de Modi Abdoul Bah de Ndiré (Tiaguel Bory-Guinée). Nous decouvrîmes le tombeau du Thierno exactement comme l'avait décrit Monsieur Théousse Bernard, le Vendredi 22 Mai 1992, à 11 heures de l'Afrique Centrale, soit 10 heures G.M.T. Une touffe d'herbe très épaisse s'élevait sur le tombeau parmi tant d'autres qui étaient eux bien entretenus, et fraîchement blanchis. Les épitaphes sur les tombeaux indiquaient bien la fin du siècle dernier et le début du 20e siècle.

La tombe orientée sud-nord était perpendiculaire à toutes les autres orientées est-ouest. Une chaîne en fer rouillée surmontait effectivement le tombeau. Nous fîmes nettoyer le lieu, et demolîmes les parties fragiles de la chaîne. De retour à Pointe Noire, les fidèles musulmans furent informés de notre découverte. Ils furent stupéfaits et promirent de le réhabiliter.

Le Samedi 23 Mai 1992, nous nous rendîmes de nouveau à Louango, en compagnie cette fois de nombreux Guinéens de Pointe Noire, et d'un Cameraman qui fixa sur une cassette vidéo, les images du cimetière, de la tombe de Thierno NDama, et du débarcadère de Louango. Des dizaines de milliers de noirs partirent de ce débarcadère pour un voyage sans retour pour l'Amérique durant les quatre siècles de la traite négrière. Je détiens cette cassette matérialisant l'aboutissement de ma mission en Afrique Centrale. Très heureux, je rentre dans la soirée du 23 Mai à Libreville au Gabon par Air Gabon, et le 31 Mai 1992, à Conakry en Guinée par Air Zaïre.

Je profite de cette occasion pour remercier tous ceux qui m'ont aidé dans mes recherches. Parmi lesquels:
Monsieur Mamadou Bailo Téliwel Diallo, Directeur National de la Culture au Ministère de la Jeunesse, des Arts et Culture de la Guinée et ses principaux collaborateurs, pour la

diligence avec laquelle ils ont mis à jour mes documents de voyage. El Hadj Ibrahima Sory Diaby, Ambassadeur de Guinée au Gabon pour sa contribution de qualité au dénouement de la mission. Docteur Gabriel Sultan, cardiologue dont les nombreuses relations m'ont ouvert beaucoup de portes. Tous les ressortissants Guinéens à Libreville et Pointe Noire en général, et en particulier Monsieur Moussa Diakité de Pointe Noire, et El Hadj Madjou Bah de Libreville qui se sont considérés directement concernés par l'objet de ma mission. Que soient aussi vivement remerciés les autorités et cadres de Libreville et Pointe Noire et Monsieur Théousse Bernard de Pointe Noire pour leur grande disponibilité. Mes prières de tous les instants vont vers mes chers enfants et aux amis qui ont tant soit peu encouragé matériellement ou moralement mes recherches.

Suggestions

Je sollicite ardemment que l'Etat Guinéen fasse des démarches pour réhabiliter la tombe du martyr, mort en disgrâce, si loin de son pays et dont la seule faute était, d'avoir voulu sauvegarder l'indépendance de sa patrie. Cela pourrait consister soit, à la construction d'un mausolée, ou encore au rapatriement des restes du Thierno en Guinée, auprès des autres martyrs du colonialisme.

Aussi, je solliciterais que soit disponible un crédit pour l'encouragement des chercheurs, sans distinction aucune.

Documents d'Appui de la Recherche

1. Une lettre du Thierno au Suktan (Gouverneur) de Conakry en date du 2 Janvier 1901, relatant les exactions du Lieutenant Moncorgé, Commandant du Cercle de Boussoura.
2. Lettre du Thierno au Gouverneur, en date du 21 Mars, relatant les menaces qui pèsent sur les populations du

NDama.

3. Rapport du 30 Avril 1901 du Lieutenant Moncorgé, menaçant d'arrêter le Thierno et sa famille.
4. Rapport en date du 31 Mars 1901 du Lieutenant Moncorgé accusant le Thierno de vouloir à tout prix chasser les Français.
5. Rapport du 23 Mai, annonçant au Gouverneur de Guinée l'arrestation du Thierno et sa conduite sur Kadé.
6. Lettre du Thierno à Alpha Yaya de Labé, annonçant son arrestation.
7. Arrêté du 14 Septembre 1901, déportant le Thierno au Congo.
8. Deux lettres des enfants du Thierno, et de ses compagnons d'exil, annonçant au Gouverneur de Guinée, le décès à Louango, du Thierno et demandant grâce pour eux qui restaient encore en vie. Ces lettres sont datées respectivement du 17 et du 19 Novembre 1902.

Timbi Madina le 15 Juin 1992
le Chercheur
El Hadj Maladho Diallo

Autres Oeuvres de l'Auteur (non publiées)

Le Timbi: Hier, Aujourd'hui. 1987
Du Grand Diwal de Timbi à la Préfecture de Pita.
Tableaux Généalogiques des Grandes Familles Peulhes du Fouta Djallon, à savoir:

1. Khalidouyanké de Popodra (Bhé Modi Souleymane)
2. Khalidouyanké de Popodra (Bhé Pellel Kahi)
3. Khalidouyanké de Sombili (Bhé Thierno Doura)
4. Khalidouyanké de Labé (Bhé Modi Mamadou Dian)
5. Khalidouyanké de Labé (Bhé Thierno mo Sigon)
6. Généalogie Commune des Yillabhé de Labé (de Maoundé et Saïkou Aldiouma Ibn Ilo)
7. Yillabhé Koyanké de Kalan
8. Yillabhé Bôraba de Téliwel-Lélouma et Madina Modi Talibé en Guinée-Bissao
9. Yillabhé Kébou (Télimélé)
10. Yillabhé Malal Condo
11. Yillabhé Kaly Bory (Boummalol, Nadhel Satina)
12. Yillabhé de Sempétin
13. Seydiyanké et Sériyanké du Fouta Djallon
14. Bhé Alphaya (Bhé Alpha Abdoullaye Bademba)
15. Bhé Alphaya (Bhé Alpha Saliou)
16. Bhé Soriya (Bhé Almamy Abdoul Gadirou)
17. Bhé Soriya (Bhé Thierno Youssouf)
18. Bhé Soriya (Bhé Kenounya)
19. Seriyanké de Fougoumba
20. Sériyanké de Bantignel
21. Wouyâbhé de Daralabé
22. Wollarbhé de Kankalabé et de Gali dans Kolladhé
23. Hélayanké de Timbi-les 12 Branches
24. Hélayanké de Timbi (Bhé Adama Sira)
25. Hélayanké de Timbi (Bhé Mama Négué Dongol Touma)
26. Hélayanké de Timbi (Bhé Mdou Dian de Bambaya)

27. Hélayanké de Timbi (Bhé Salé mo Toubbou de Wansan et Bhé Kîdiré Monoma)
28. Woussinayabhé de Bouroudji (Bhé Boubacar Zéïdi)
29. Woussinayabhé (Bhé Mama Yagouba de Zawia)
30. Woussinayabhé (Bhé Mama Moussa Tarambali)
31. Woussinayabhé (Bhé Mama Paté Bîlâ de Dionfo Pouroya)
32. Woussinayabhé (Bhé Alpha Bah de Bouroudki)
33. Woussinayabhé (Bhé Saïkhou Ibrahima mo Diombowi)
34. Férobhé-Kébali (Gourdhoyabhé, Wourilabhé)
35. Férobhé-Kébali (Bhé Thierno Moussa bhé Bappaté Amadou de Fonfoya)
36. Férobhé-Sow de Timbi Madina
37. Foulacounda-Boiro de Sarébhoïdho
38. Foulacounda-Mbalo de NGabou-Guinée Bissao
39. Dawdayabhé de Timbi-Madina (5 Tableaux)
40. Dawdayabhé de Ninguélandé
41. Séléyabhé (Tableau Commun)
42. Séléyabhé de Dalin Kolla
43. NDouyébhé de Bourowi Dounki (Boulliwel)
44. NDouyébhés de Pita (Bhé Hammadi Bah, Bhé Mama Harouna, Bhé Mama Amirou
45. NDouyébhé de Bourkâdhié (Pita)
46. NDouyébhé de Bhoubha NDiyan de Labé
47. Bhé Bayéro mo Alfa: de Féllo Lafou; et de Tyalé Kindé à Télimélé (2 Tableaux)
48. NDiobboyanké de Labé-Dheppéré et Pilimini
49. Bhé Alpha Ibrahima mo Alfa Saliou de Labé
50. Iloyabhé de Kâlan dans le Labé
51. Silorbhé de Kâlan dans le Labé
52. Gnoguiyanké de Koula Mawndé
53. Généalogie de Thierno Ibrahima Waliou NDama
54. NGuériyanké da Afia (Labé)
55. Diakanké (Diabi) de Touba
56. Kolinké de Horé Wédou (Télimélé) Foroya (Guinée Bissao) et Koukandé (Casamance-Sénégal)

57. MBalbé de Bodié
58. Modiabhé de Bomboli (Bhé Thierno Paté)
59. Sourgayanké de Maci
60. Loudabhé Dalaba (Bhé Foula Ndi Bangassi)
61. Dayébhé-Banguigni (Bhé Mama Amadou Bhorou)
62. Bhé Samba Oury de Timbi Madina (3 tableaux)
63. Dialoyanké de Kolladhé-Kankalabé
64. Dialoyanké de Gongoré, Kourou Dialoyanké
65. Timbobhé de Bhouriya-NDantaba
66. Timbobhé de Porédaka (Bhé Bacar Sina)
67. Dialoyanké-Timbonké de Timbi Madina, à savoir:
    Bhé Pendabhoye, de Moron, Sambia, Boloyro, Safa, Dara, et Gagnakali-Fria.
    Bhé Alfa de Pallé, Thiapata, Donhol Télimélé
    Bhé Soriya de Galan, Rédou Fello
    Bhé Mama Issa de Débéya
    Bhé Saïkou Oumarou mo Gnali
    Bhé Mama Moussa, de Ilou, Sewo, Démou, Madina Tokosséré, Wédou, Kourou Mangui, Gongoré, Sodhio-Télimélé, Banguigni, Sodhioré, Yatalinkin, et Madina-Fria.
    Bhé Bayéro Dialoyanké: Bhé Oumarou mo Hawa à Bouroure; Bhé Moussa mo Nassouma à Kourou Rédou Céré; Bhé Bappaté Saliou mo Galou à Doumba, Bamikouré, et Yorgo; Bhé Badicco Diogo à Gninkan; Bhé Bappa Alhassane de Ninguélandé; Bhé Oussou Bofo à Foyé; Bhé Amadou mo Féré à Tiri; Bhé Doura mo Féré à Soguiabhé; Bhé Sadou mo Ténin à Aïguel Toutaré; Bhé Moussa Kila à Fello Bané.

Chronologie des Imamats du Fouta Djallon

1er	Almamy Ibrahima Sambégou (Karamoko Alpha)	
2e	Ibrahima Sory Paté (Almamy Sory Maoudho)	
3e	Almamy Alpha Saliou	Alfaya
4e	Almamy Sadou	Sorya
5e	Almamy Abdoullaye Bademba	Alfaya
6e	Almamy Abdoul Gadirou	Sorya
7e	Almamy Boubacar Zikrou	Alfaya
8e	Almamy Yaya	Sorya
9e	Almamy Boubacar (Bacar)	Alfaya
10e	Almamy Oumarou	Sorya
11e	Almamy Sory Dara	Alfaya
12e	Almamy Ibrahima Dongol Féla	Sorya
13e	Almamy Amadou Dara	Alfaya
14e	Almamy Bocar Biro	Soriya
15e	Almamy Oumar Bademba	Alfaya
16e	Almamy Sory Yilili	Sorya
17e	Almamy Alimou (Baba)	Sorya
18e	Almamy Boubacar (Dabola)	Sorya
19e	Almamy Oumar Bademba	Alfaya
20e	Almamy Ibrahima Sory Sabou	Alfaya
21e	Almamy Ibrahima Sory Dara	Alfaya
22e	Almamy Aguibou Dabola	Soriya

Les 14 premiers furent Almamy du Fouta Djallon Théocratique. Les huit (8) derniers avaient été nommés par les colonisateurs. Alpha Mamadou Paté et Abdoullaye Dhôkîri du Parti Sorya, avaient été couronnés, mais n'avaient pas exercé.

Tableaux Généalogiques

GENEALOGIE 1: NDOUYEBHE

Saikou Mouhammadou Aly Kaly

Thierno Mamadou

Thierno Moussa

Thierno Malal

Thierno Abdourahmane
(NDouyédio, Missidé Hindé)

Thierno Mamadou Bano

Thierno Mamadou

Thierno Aliou, Bhoubha NDiyan
Grand érudit, 1850-24/3/1927

El Mdou Bah
Haut Fontionnaire
Décédé dans les prisons de Sékou Touré

Tno Mdou lamine

El. Saïkou

Tno Abdoullaye

El. Abdourahmane
Ancien Ministre des Affaires Religieuses

Tno Aguibou

Tno Mdou Bano

Tno Ousmane

Tno Saïkou

Tno Habib
(Inspecteur de la Ligue Islamique, Labé)

Tno Siradio

GENEALOGIE 2: YILLABHE

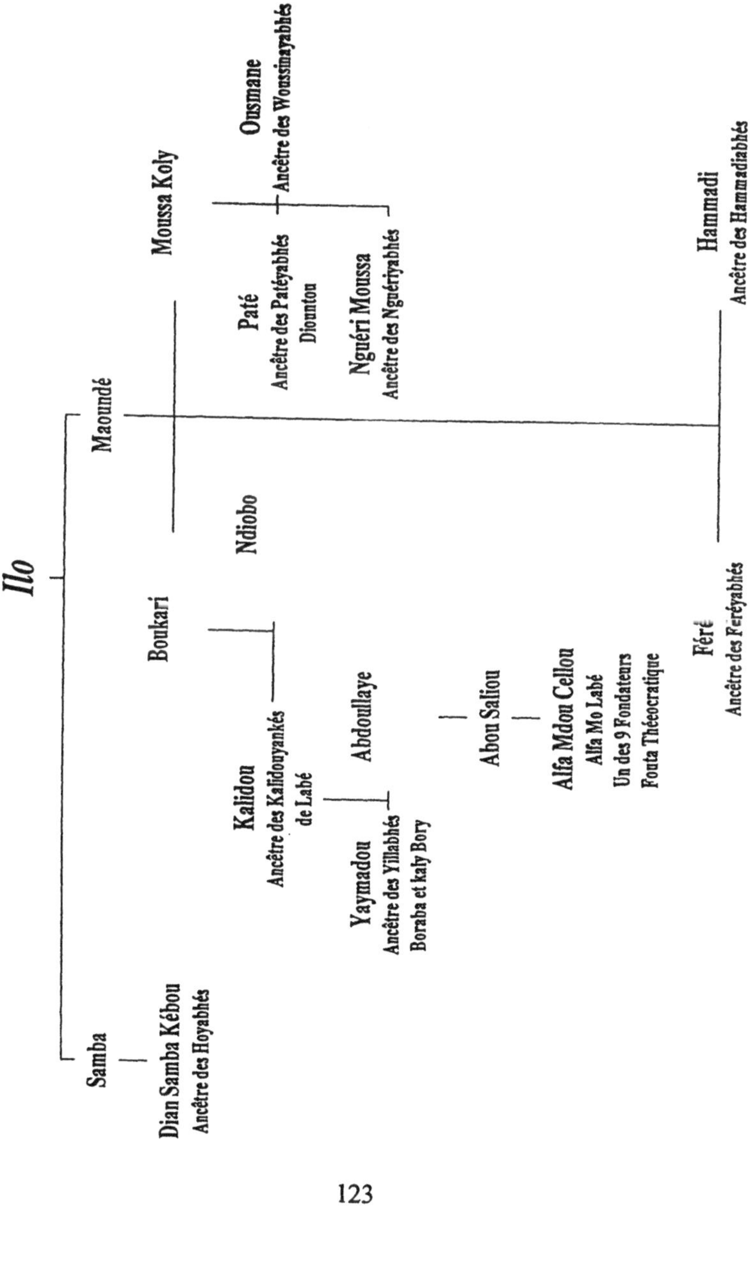

GENEALOGIE 3: FEROBHE

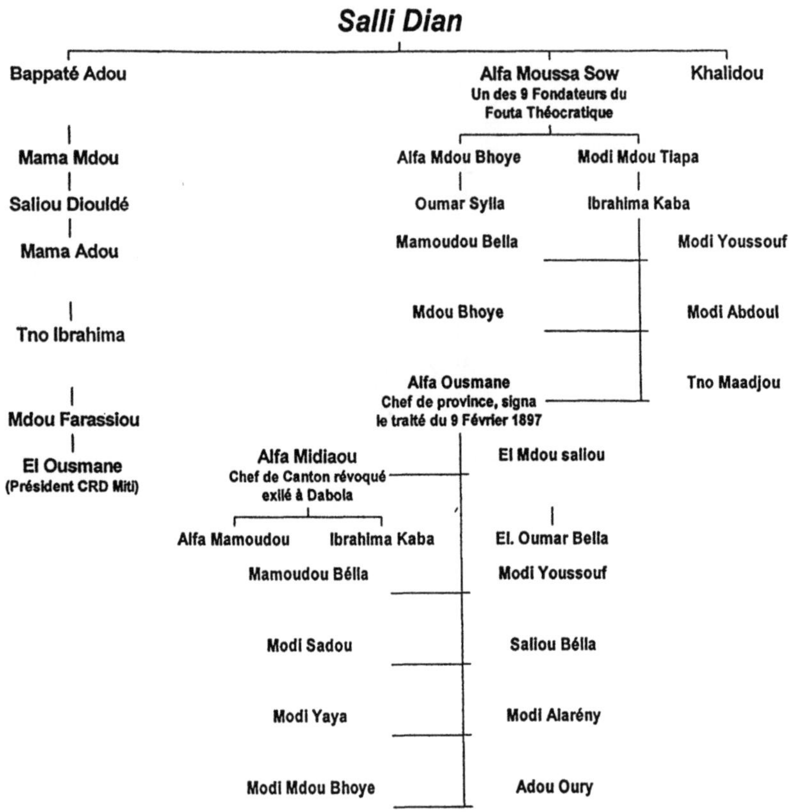

GENEALOGIE 4: SEYDIYANKE ET SERIYANKE

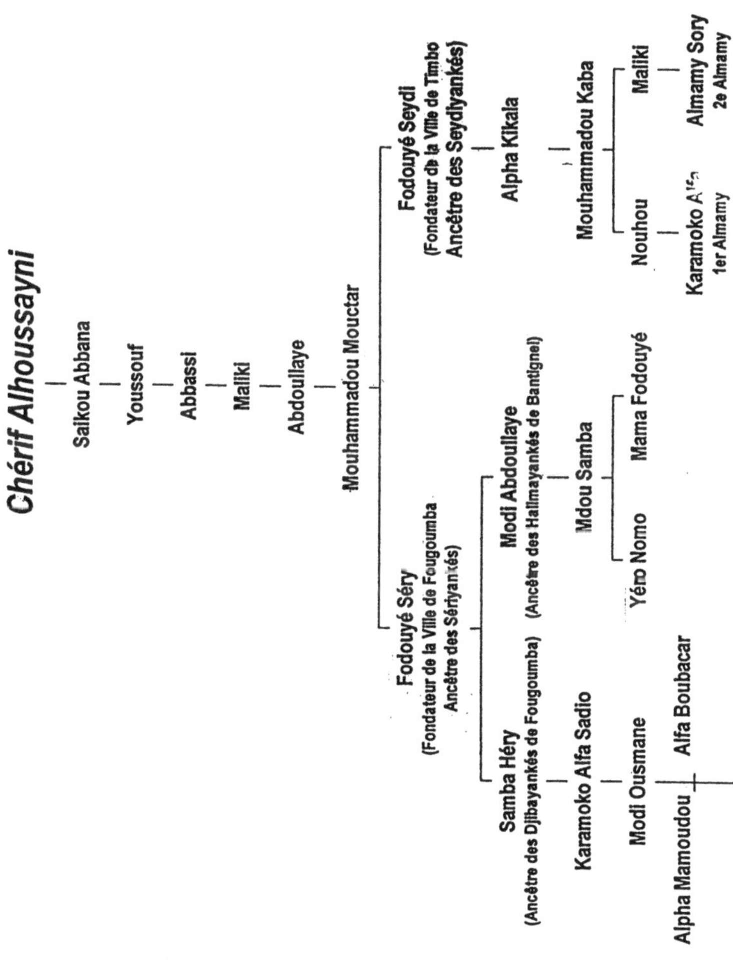

GENEALOGIE 5: LALIYABHE

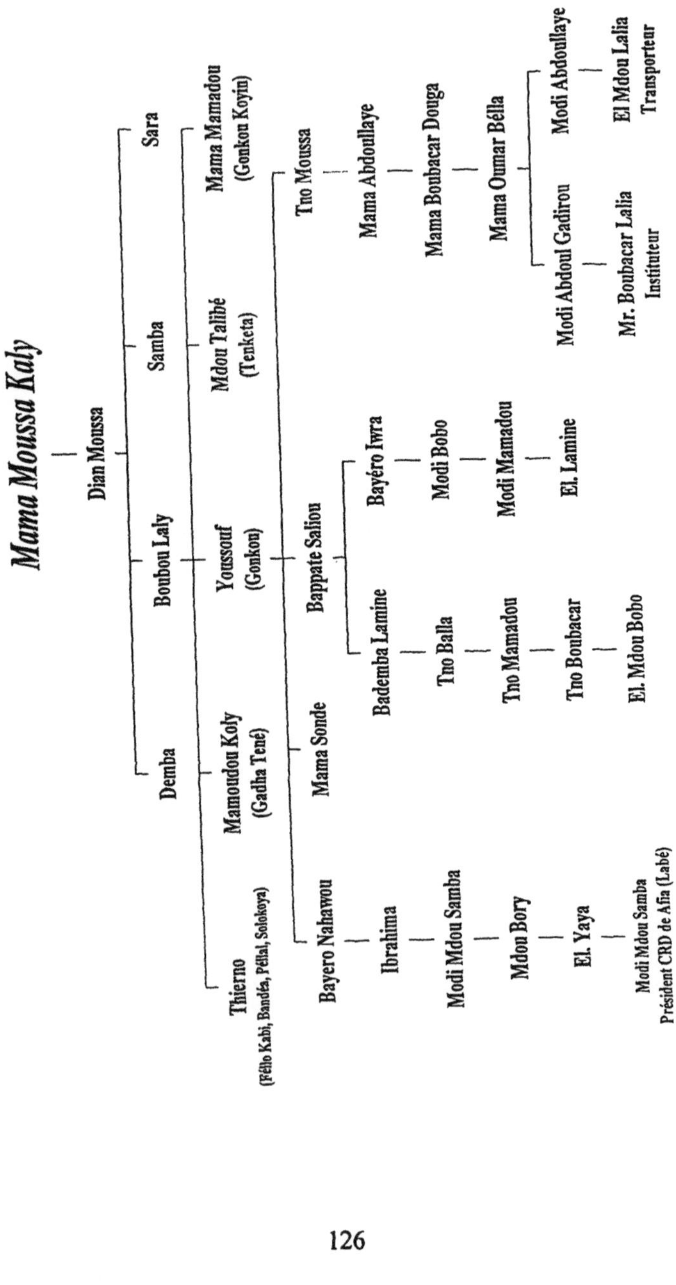

GENEALOGIE 6: HELAYABHE

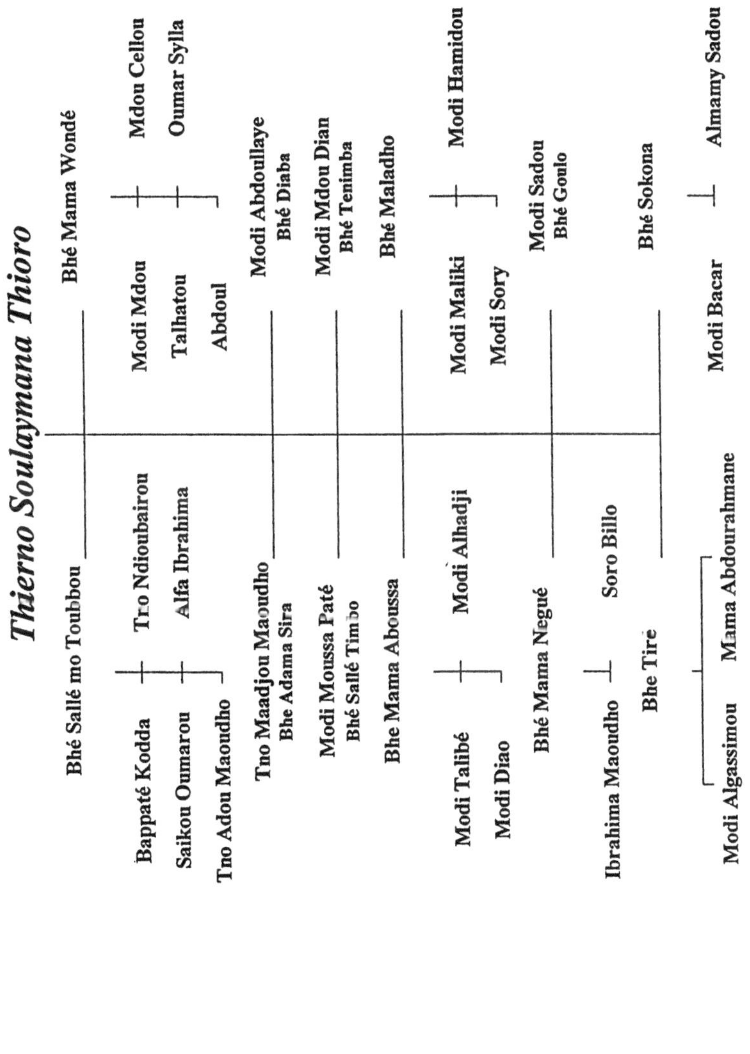

GENEALOGIE 7: LOUDABHE

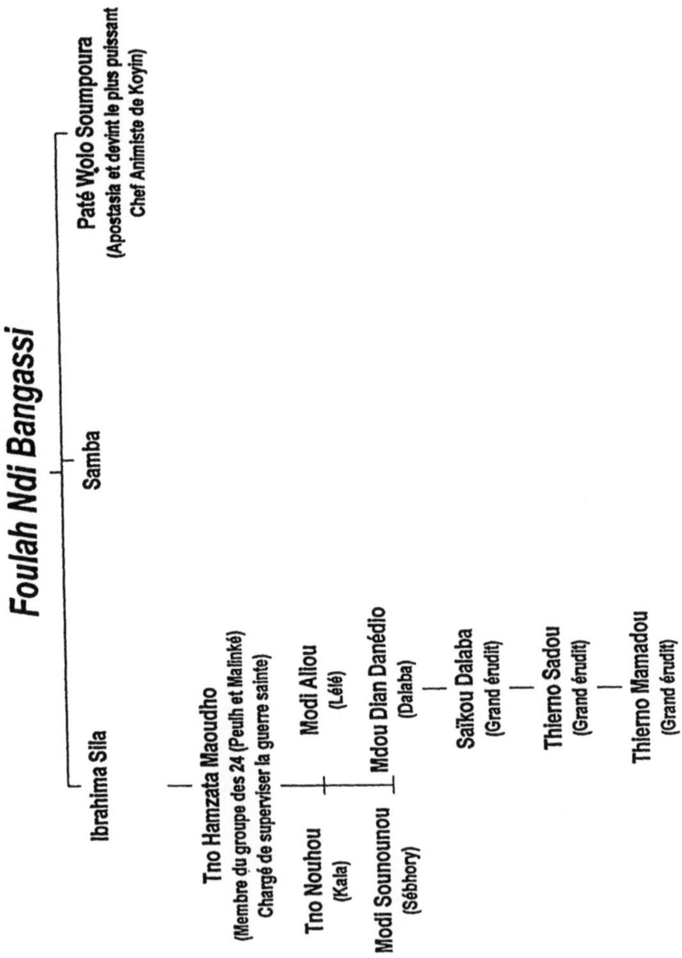

GENEALOGIE 8: SOURGAYABHE

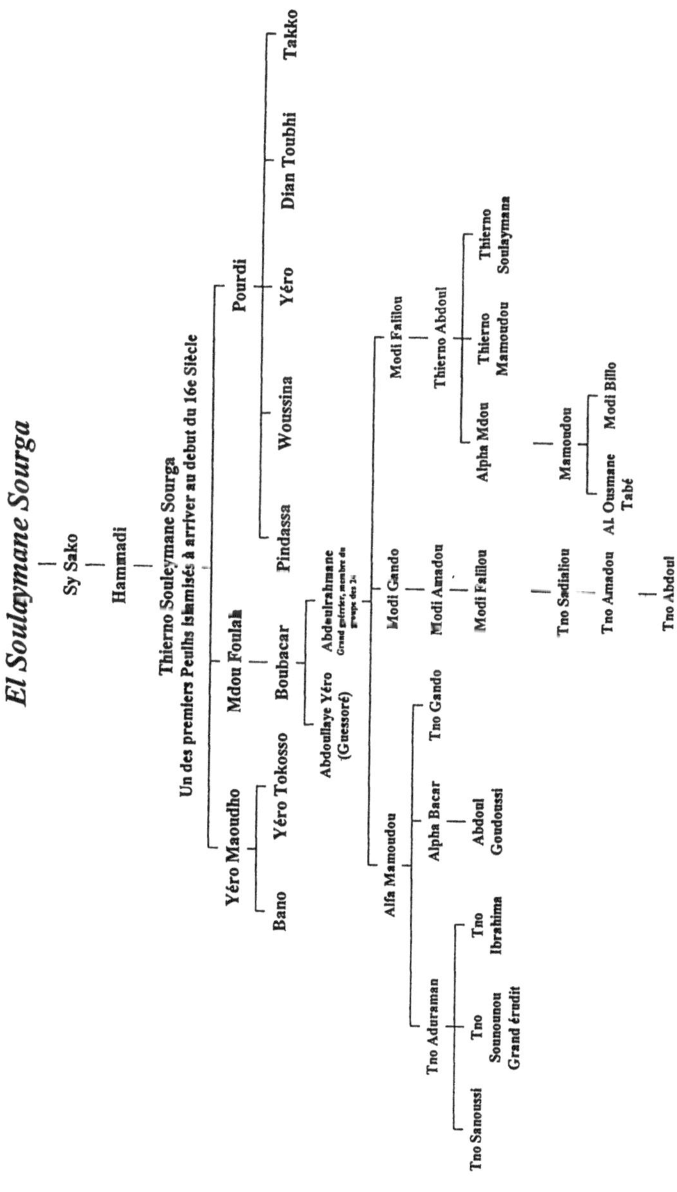

GENEALOGIE 9: KALIDOUYABHE

- ***Saïkou Aldiouma Ibn Ilo***
  - **Boukari**
    - **Ndiobbo**
      Ancêtre des Ndîbboyankés
    - **Kalidou**
      - **Abdoullaye**
        - **Mdou Saliou**
          dit Abou Saliou
          - **Modi Siddi**
          - **Alfa Mdou Cellou (Alfa mo Labé)**
            Un des 9 Fondateurs du Fouta Théocratique
            - **Nènè Aïssatou**
              (Mère des Séléyabhés)
            - **Tno Mo Sigon**
              (Gadha Comba)
            - **Modi Saïdou**
              (Sérima)
            - **Modi Madiou**
              (Hansanhéré)
            - **Modi Billo**
              (Tatadji, Bagnan, Pellel Kahi)
            - **Modi Soulaymana**
              (Popodra)
            - **Modi Mdou Dian**
            - **Modi Amadou**
              (Missira)
          - **Modi Malal**
      - **Yaymadou**
        Ancêtre des Yillabhés
        de Boraba et Kaly Bory

GENEALOGIE 10: TIMBOBHE

Mama Hammadi NDanery

Mama Mdou Dian
Ancêtre de la Branche
Amoroyanké de
Bhouriya centre

Mama Bacar Sama
Ancêtre de la Branche
de Bhouriya Centre

Mama Mdou Malal

Tno Samba mo Bhourya
Grand érudit, un des 9
Fondateurs du Fouta
Théocratique

Mama Maliki
Ancêtre des Dialoyankés
de Gongoré, Kolladhé-Kankalabé
et Timbi-Madina

Mama Soulaymana
Ancêtre des Amoroyankés
de Ndantaba

Mama Abdoullaye Foulah
Ancêtre de la Branche
Dialoyanke de Gongoré
et Kolladhé

Mama Ibrahima Bory
Ancêtre de la Branche
Dialoyanké de
Timbi-Madina

Tno Siré — Alpha Paté

Tno Yero — Alpha Mdou mo Kolladhé
Ancêtre des Dialoyankés de
Kolladhé, un des 9 Fondateurs
du Fouta Théocratique

Tno Youssouf — Alpha Issaga

Mama Bacar Sina
Ancêtre des Timbobhés
de Porédaka

Mama Soulaymana
(Salli Bongo)
Ancêtre des Amoroyankés
de Sankaréla

GENEALOGIE 11:

TIMBOBHE DE NINGUELANDE

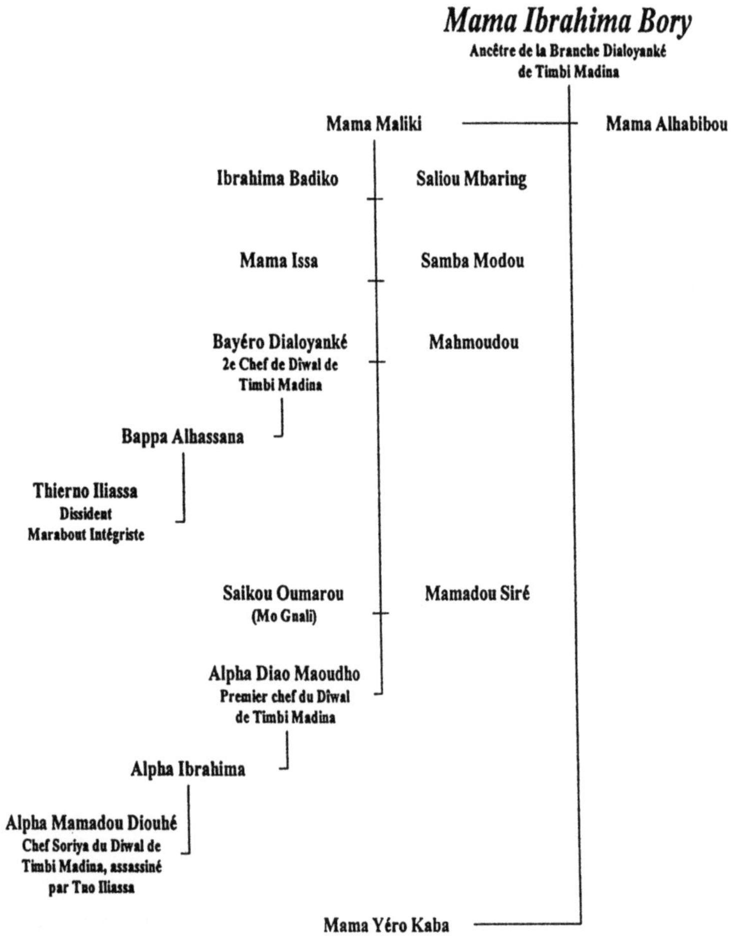

GENEALOGIE 12: KOLINKE

- ***Mama Sama***
  Fondateur des Villages de Kompéta et Dombé dans les Bowés
  - Sama Rané
  - Mama Hima (Mo Sama)
    - Mama Aliou
      - Mama Ousmane
        - Souaibou
          Fondateur de Haccoundé Tyandhi
          - Mama Diabi
            - Alfa Adou Dîla
              Emigre en Guinée Bissao puis au Sénégal
              - Amadou Dîla
              - Sékou Amadou
              - Tno Kabirou
              - Tno Sékouna (Kounkandé)
              - Tno Hady (Foroya)
              - Tno Habib (Foroya)
              - Tno Sakhirou (Kounkandé)
              - Tno Yassarou (Kounkandé)
              - Tno Tidiane (Kounkandé)
              - Tno Bassirou (Wadiatoullaye)
              - Tno Hamidou (Foroya)
              - Tno Harouna
                Grand érudit
                - Tno Adou Dîla
                - Hamma
                - Tno Aliou
                - Kabirou
                - Tno Yaya
                - Tno Sékouna
                - El. Boubacar
            - Tno Abdoullaye (Haccoundé Tiandhi)
  - Sama Bhalé

GENEALOGIE 13: SELEYABHE

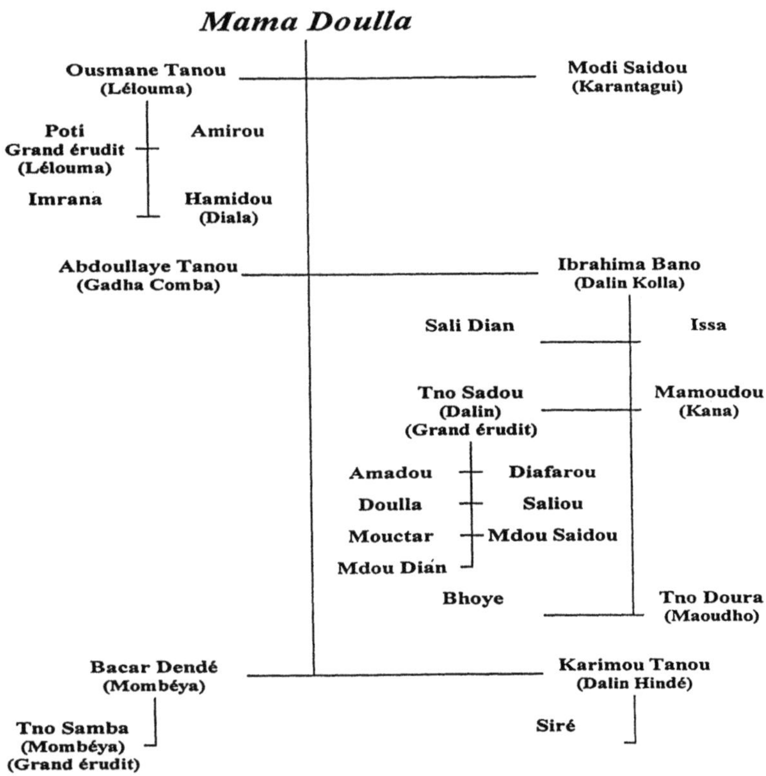

GENEALOGIE 14: WOUYABHE

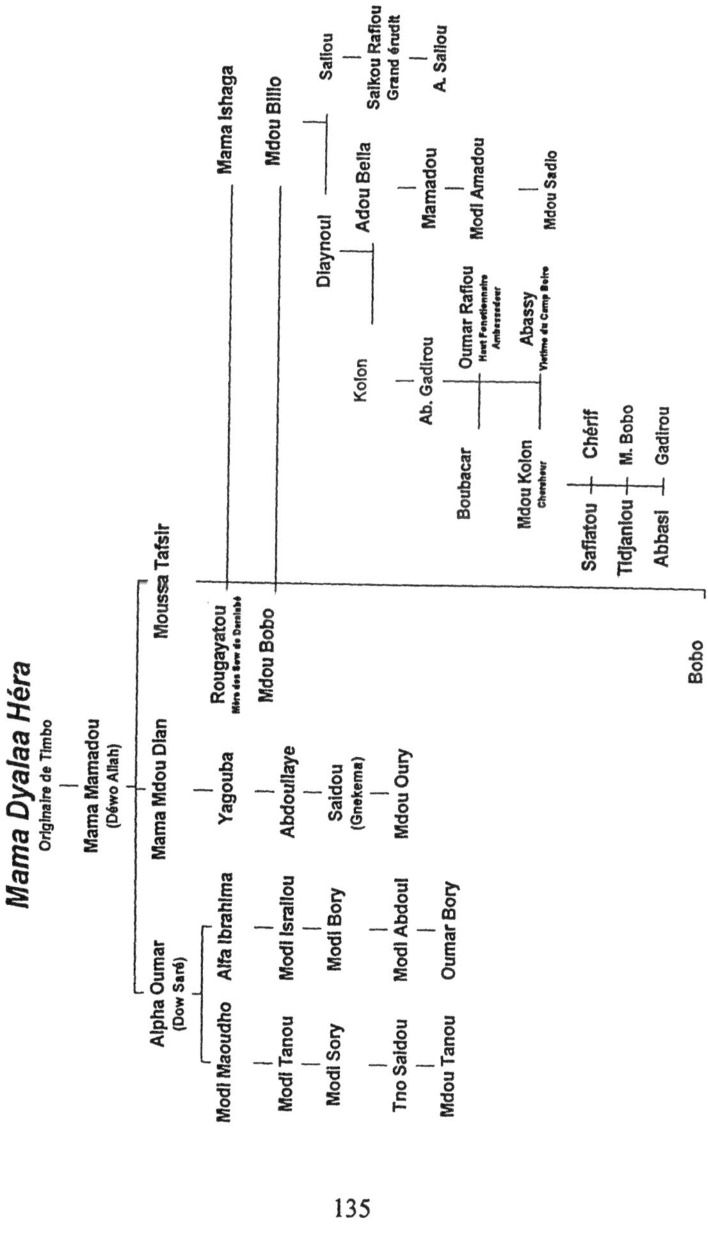

GENEALOGIE 15: THIERNO SIRE BOURKADHIE

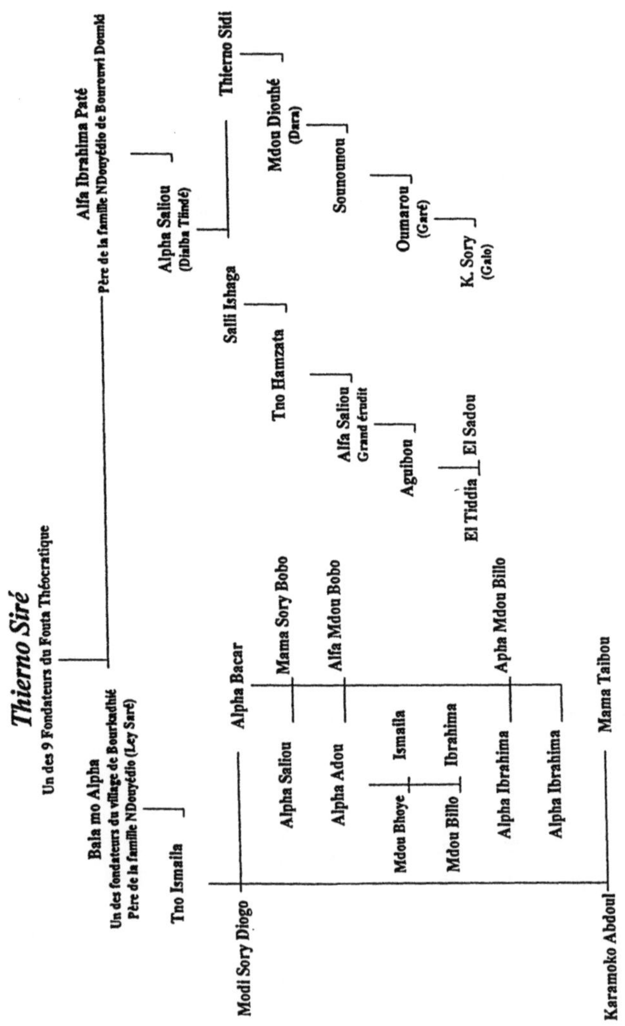

GENEALOGIE 16:
THIERNO IBRAHIMA NDAMA

Alpha Yero

- **Mama Alfagha**
  - **Mama Ibrahima Bobo**
    - **Thierno Diao Maoudho**
      Grand érudit, dont la tombe est objet d'un pélérinage annuel à Madjoumaou, Koutan, Saréboido, Préfecture de Koundara
      - **Thierno Abdoul Goudoussi**
        - **Modi Mamadou Samba**
      - **Thierno Ibrahima**
        (Karamoko NDama)
        Mort en Exil en 1902
        - **Mdou Cellou**
        - **Modi Alimou**
          Comapgnon d'exil de son père
          - **Mr. Chérif**
        - **Tno Mdou Alfa**
          - **Tno Koulah**
        - **Tno Sarifou**
          - **Mr Yaya**
        - **Modi Adou Conakry**
        - **Tno Yaya Labbo**
          Chef du Canton Badiar
        - **Tno Baillo**
          - **Mr Abdoullaye**
        - **Chérif Bassirou**
        - **Modi Adou Oury**
        - **Thierno Diao**
          Compagnon d'exil
        - **Modi Khaly**
        - **Modi Mdou Bobo**
        - **Modi Oury**
        - **Tno Boussouriou**
        - **Mdou Danédio**
        - **Modi Abdoullaye**
          (Tamba Counda)

GENEALOGIE 17: ALMAMY DU FOUTA DJALLON

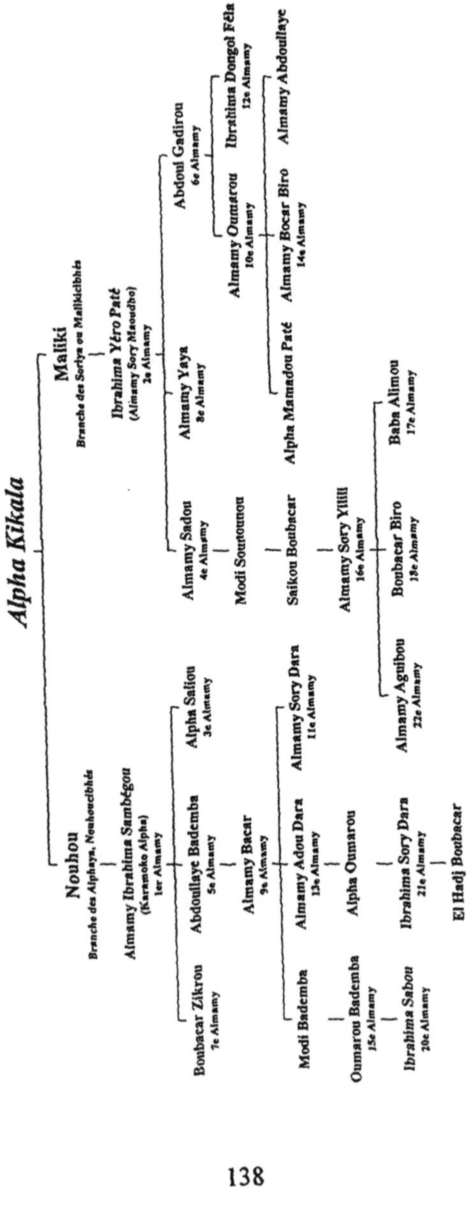

Table des Matières

586023 - Novembre 2014
Achevé d'imprimer par
1livre.com
du rêve à la réalité !